愛し続ける私

十朱幸代

1

憧れの世界に出会ったのは
もう60年前のことです

2

1,2　母のまとめたアルバムより。少女モデルとしてお仕事を始めたころ。当時の「寿屋」(現・サントリー)さんで「トリスジュース」の広告モデルに

3　『明星』巻頭グラビアより。『青い山脈』の神戸一郎さんと、夏らしい写真で登場！

4　父で俳優の、十朱久雄との取材もよく受けました。『バス通り裏』でコンビを組んだ宗像勝巳さんも一緒

『明星』1959年7月号©集英社

3

『明星』1959年7月号©集英社

4

ずっと仕事の中で学び、愛し、生きてきました

『LEE』1987年2月号・集英社　撮影／秋元孝夫

舞台、映画で鍛えられ、着物姿や所作にもいつしか馴れました

愛し続ける私

十朱幸代

はじめに

ひとつの役を演じ終えると、人として、ひとつ生まれ変わった気がします。

私は仕事を始めるのが早かったので、高校もろくに通えず、きちんと勉強できませんでした。ただその分、仕事を通してたくさんのことを学び、成長してきた。そんなふうに思っています。

NHKの連続ドラマ『バス通り裏』でデビューしてから早いもので、60年余の年月が経ちました。テレビドラマから映画、そして舞台へと、声をかけていただくのを幸い、好奇心のおもむくままに、さまざまな仕事に挑戦してきました。

振り返るとめまぐるしい、あわただしい人生だったと思います。次から次に作品と向き合い、その場その時の現場で揉まれ、刺激を受けながら、与えられた役を精一杯演じてきました。ですから長い年月もあっという間でした。

そんな忙しさに追われる一方で、私にとってのもうひとつの学びの機会は、「恋」

でした。

ひとつ恋をすると、やはりひとつ、女として成長したように思います。好きになったら、一途に愛してしまいます。隠しごとは嫌いですし、こそこそするのも苦手なので、なるべくオープンにしてきました。そのせいか、マスコミには〈恋多き女〉というレッテルを貼られました。言われてみれば、その通りなのかもしれません。

ただ、結婚はしませんでした。

いつも私は、結婚よりも仕事を選んできたんです。結婚して子どもを産んで……、と考えたことがなかったわけではありませんが、その時々で私はいつも、悩み、迷い、結局、自分が女優であることを、選んできました。


今、私はひとり。家族は次々に亡くなってしまい、妹まで、私を置いて旅立ってしまいました。配偶者もいなければ、子どももいません。家族といえば、外国で暮らす姪っ子がひとり、そして甥がふたりいるだけ。いつのまにか、気がつくとひとりになっていました。

人生を歩んできた痕跡は、仕事しかありません。でも不思議と、後悔はないのです。だって、仕事を、出会った方々を、身近なものたちを、そして自分を、大切に愛してきた。そのことは、確かなものですから。

今までの人生、私はどの瞬間も、前を向いて歩いてきました。終わってしまったことを引きずるのは性に合いません。過去のことは、すべて忘れたつもりでした。でも今回、この本のために子ども時代からの私を思い返してみると、思い出すのは楽しいことばかり。どうやら私はイヤなことはすぐ忘れ、楽しいことだけ、しっかり覚えているみたいです。


いろいろな女の、いろいろな人生を演じてきましたが、私自身の人生も、それなりにいろいろありました。もちろん現在もどこに向かうかわからない、道の途中。

そろそろこの辺で、忘れかけてたことや、これまで語らずにきたことも、胸の奥からそっと取り出して、見つめてみようと思います。

愛し続ける私　目次

はじめに……4

第一章　「バス通り裏」を通り抜けて……13

バス通り裏の放課後……15
日本橋生まれ、奈良育ち……16
大きくなったら女優になる!……20
中村メイコさんに憧れて……22
厳しくて質素な戦後の家庭……25
スタジオ見学からチャンス到来!……27
度胸で勝負?　の生放送……28
『惜春鳥』……32
「君、台詞も覚えてないのか!」……35
ハードな日々……36
初めての恋……37
「公認のカップル」誕生……39
映画に夢中……41
やっぱり女優になる!……43

第二章　駆け出し女優……45

「なんでもやっちゃおう!」……47
時代が求める女性像を演じて……48
杉村春子先生との一度だけの共演……49
映画界の高い壁……51
並み居る大スタアの相手役……53
中村錦之助さん……55
石原裕次郎さん……59
渡哲也さん、渡瀬恒彦さん……63
高倉健さん……65
小坂一也さんとの15年……67
形だけの「結婚」、そして突然の裏切り……70
全身全霊で舞台に挑む……74
「緊急〝離婚〟会見」……77
『男はつらいよ　寅次郎子守唄』……80
女の意地……81

第三章　ひとつひとつ階段を上る……85

舞台の世界に飛び込んで……87
自分に役を叩き込む……90
見て学ぶ、失敗して学ぶ……93
山田五十鈴先生の教え……95
舞台開眼……97
松本清張作品……99
セイタカアワダチ草……101

第四章　脱皮……105

『魚影の群れ』……107
1行に3日間……108
言えなかったお葉書のお礼……112
ターニングポイント……113
『櫂』……114
『夜汽車』……119
京都・太秦で過ごした夏……122

第五章　私を成長させた恋……125

モテ期到来！……127
「いいもの」を教えてくれたあの人……129
結婚と迷いと別れ……133
同志愛でむすばれた彼……136
身を投げ出してくれた人……140

第6章　痛みと大手術からの生還……147

痛み……149
手術への覚悟……151
海を越えて名医探し……152
痛みは胸にしまって……154
計21時間の大手術……158
自力でリハビリ……160

第7章　孤独と自由を愛して……163

仕事に復帰……165
車椅子のキャサリン・ヘプバーン……167
朗読劇の醍醐味……171
不器用な芝居が好き……174
捨てながら前に進む……176
みんな、また「ひとり」……177
噂話のヒロイン……179
愛するきらら……182
枯れない映画愛……184
読書とテレビ……187
つるバラの庭……188
食べるのは、身体にいいものだけ……192
肌のお手入れ……197
過去のものはもういらない……198
最後に残るのは……　……199
自由で孤独な私を楽しむ……202

おわりに……206

第一章

「バス通り裏」を通り抜けて

©マルベル堂

まったく素人の私がテレビに出て注目され、その流れで映画にも
初めて出演することになったのは、16のときのことでした。
その作品、『惜春鳥《せきしゅんちょう》』の木下惠介監督と
最初にお目にかかったときのことは、よく覚えています。
「お願いいたします」とご挨拶したら、あの大きな目でじいっと、
私の顔をご覧になったんです。
この新人女優をどう料理しようか、観察なさったのでしょうね。
しばらくしてから、低い声で、囁くようにおっしゃったんです。
「キレイに撮ってあげるよ」って。
なんだかドキッとしたのを覚えています。

バス通り裏の放課後

私のキャリアの始まりは、1958年に始まったNHKの連続ドラマ、『バス通り裏』です。毎日夜7時のニュースが終わるとすぐに始まる、15分間の生放送ドラマでした。

今でいう「朝ドラ」の原型みたいな感じで、どこにでもある普通の家庭を舞台にしたホームドラマ。毎日の生活と一緒にドラマが少しずつ展開していくうちに、見る人もだんだん身近な家族のように、一緒に一喜一憂してしまう。

実はそれはNHKで実験的に始められた初の「連続帯ドラマ」でした。

始まると全国で誰もが見るような人気番組になり、1958年から1963年まで、5年も続きました。テレビが登場してまもなくで、だんだんと一家に一台に広まる、そんなころと、ちょうど重なる時代でした。

そのころ私は、高校に入学したばかりの15歳。連日学校を早引けしてNHKに駆けつけ、急いで支度して、リハーサルをして、7時15分からの生放送に出ていました。

高校の国語の先生の家族と、隣で美容院を営む家族のドラマで、私はその美容院のひとり娘、元子を演じました。それまで演技の勉強等をしたことはなかったのですが、元子は私と等身大の女の子なので、芝居といっても日常の延長です。遊び半分、と言ったら叱られますが、正直言うと、本当にそんな調子で。毎日スタジオに遊びに行っているような感覚でした。

日本橋生まれ、奈良育ち

そもそもの出演のきっかけは、父でした。私の父は十朱久雄といい、かつて文学座に所属した俳優でした。映画にもたくさん脇役として出ていたので、当時を知る方なら覚えていらっしゃる方も多いと思います。私を女優の道に導いたのは、間違いなく父でした。

父は東京・日本橋で江戸時代から続く、麻問屋と「小倉貿易」を営む家の長男でしたが、学生時代から演劇に熱中し、家業を継ぐ気はまったくなかったとか。そこで祖父が、東京を離れれば芝居を辞めるだろうと、母との結婚を契機に自社の繊維工場があった奈良へ、父を送り出したのです。戦前から戦中にかけての時代ですから、疎開

1942年に生まれて、翌年くらいに撮った写真です。キカンキ娘の片鱗が窺えます

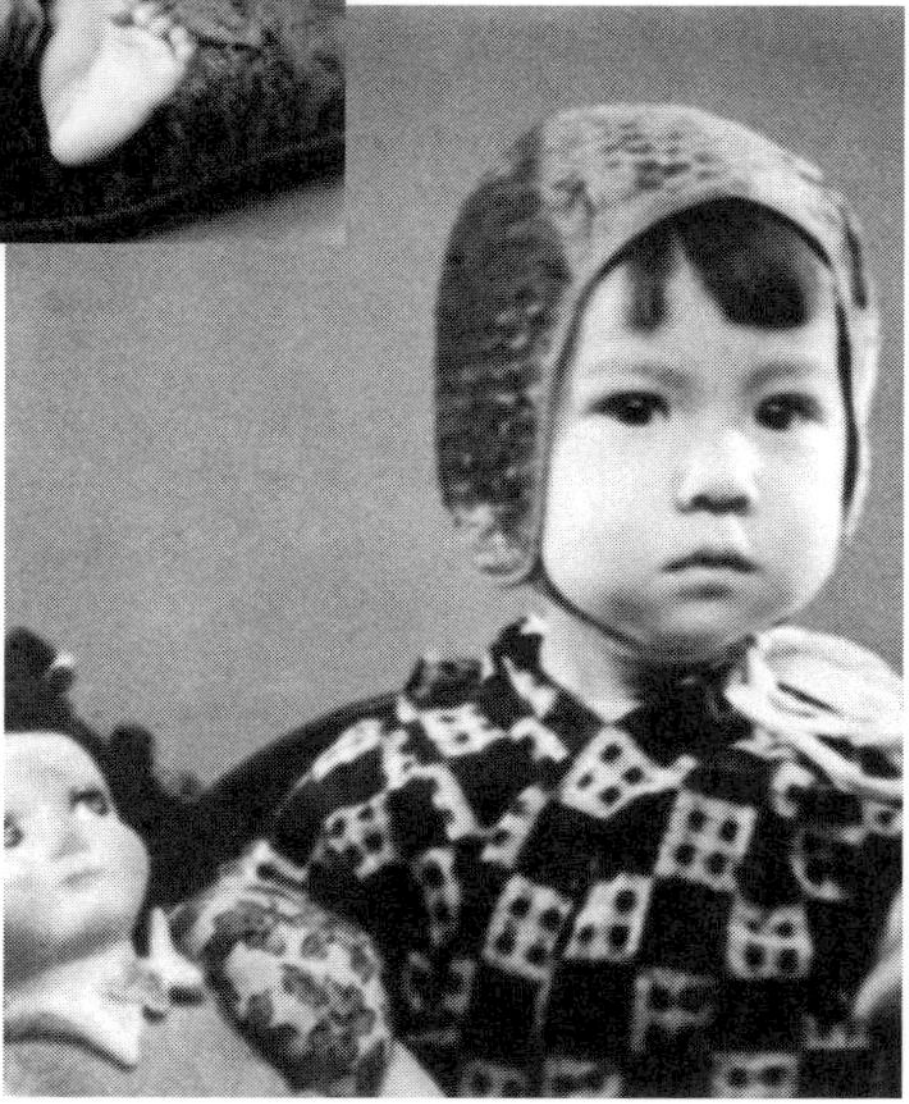

アルバムには「父入隊」、とありました。戦時中のせいでしょうか、不安げな表情です

という意味合いもあったようです。

ところが、やがて兄や私が生まれても、父の演劇熱はいっこうに収まりませんでした。戦時中は応召もしましたが、無事戻ることができた父は、戦後すぐに、あちらこちらと公演に参加して回っていたようです。

私も四歳のとき、舞台に出たことがありました。誰かのピンチヒッターだったそうです。

おぼろげな記憶があります。板があって、そこに白いチョークで大きな丸が描いてある。歩いていって、その白い丸の中に立ち、「ごめんください」、もうひとつ先の大きな丸に入って「ごめんください」と、幼い私が言う。それだけで、お客さまがワァーッと受けてくださったことも、かすかに覚えています。それで味をしめたのが、もしかしたら私の女優人生の始まりだったかもしれません。

ちなみに私が生まれるとき、父はわざわざ母を東京に送り返して、東京の病院で出産させたそうです。父は「江戸っ子」であることに誇りを持っていたので、娘の私も東京生まれにしたかったのだとか。ですから私の本籍は、日本橋小網町一丁目です。

8歳まで私は、奈良で育ちました。近鉄奈良線の大和西大寺駅近くにある小さな家です。家の裏でニワトリやあひるを飼っていて、毎朝産みたての卵を取りに行くのが幼い私の日課でした。西大寺の境内《けいだい》が私の遊び場でした。小学校には、あぜ道や田舎道を毎日40分くらい歩いて通いました。いえ、まともに歩けば15分か20分で着きます。田んぼのアメンボウを眺めたり、四つ葉のクローバーを探したり、道に横たわるヘビを三段跳びで飛び越えたり。どんなに遅刻してても、あせらず、慌てず、マイペースで通ってました。

そのころの私のあだ名は「蛍光灯」。みんなが笑い終わったころになって、笑い出すから……。そういえば、あの時代の蛍光灯は、そうでした。スイッチを入れてしばらく待ってようやく、明かりがつきました。

戦後すぐのあの時代を、自然が豊かで、のんびりしたあの地で育って、本当に良かった。そういう空気を吸いながら大きくなったのは、得がたい宝物のような気がします。

大きくなったら女優になる！

家族を引き連れて東京に戻ると、父は映画の脇役として活躍するようになりました。ついに父はおじいさまの反対を押し切り、役者の道を貫いたわけです。

私も母に連れられて、よく父の出る映画や舞台を見に行きました。母が芝居好きだったので、新派の公演や、日劇のレビューにも連れていってくれました。ですから私は小さい頃から芝居というものに慣れ親しんでいましたし、舞台も映画も大好きでした。

「大きくなったら絶対に女優になる！」と、幼いころから言っていたそうです。

母の話によると、私は小さいころから、家にお客さまが見えると、ワンマンショーを始めていたらしいのです。となりの部屋でスタンバイし、舞台の幕に見立てて襖を開けては、お遊戯とか歌を披露していたとか。お客さまと話がある父は、大げさに拍手をして襖を閉め、切り上げようとします。するとまたすぐに襖が開き、第2部の「はじまりはじまり～」。いつまで経ってもやめないので、父も母も困り果てたとか。

母に連れられて電車に乗り、奈良の映画館に行ける日は、私にとって特別な、最高の日でした。大好きなディズニー映画を見て帰ると、近所の友だちを集め、妹も無理

子どもながらに電気パーマをかけてみたところ。本人は御満悦

矢理引っ張り込んで、見てきた物語を演じてみせていました。もちろん、主役は私。白雪姫とかシンデレラになりきって、得意になっていたそうです。

母親が出かけて留守になると、母のハイヒールを履いて歩いたり、鏡台から口紅を出してつけてみたり。そう、あの頃、かい巻きという布団がありましたでしょう？重いかい巻きを羽織って、お姫様の打ち掛けにして歩き回りました。そのころの写真を見ると、妙にポーズをつけたりして、すっかりスタア気分。今見ると本当に恥ずかしいんですけれど……。

あの時代の子どもなら、そういう遊びは誰しも経験があるかもしれません。ただ、父の仕事のおかげで私には、本物のスタアの方々が身近にいらっしゃいました。お芝居をする生活が、すぐ間近にあった。そういう意味ではやはり、特殊な環境だったかもしれません。

中村メイコさんに憧れて

女優になりたい、と思ったのは、奈良の家のご近所に中村メイコさんがいらして、家族ぐるみのお付き合いをさせていただいていたことも、大きく影響したのだと思います。

そのころ中村メイコさんといえば国民的な大スタア、少女たちの憧れの的でした。父の仕事の関係で、メイコさんの大きなお家によく遊びに行きました。お泊まりもさせていただきました。

大きなお家にはお部屋がたくさんあって、その中にはメイコさんのファンから贈られた大きなぬいぐるみやお人形がぎっしりと並んだお部屋もあって。まるで夢のようでした。一日中そこにいても、全然飽きなかった。

メイコさんのお母さまには私、「さっこちゃん」と呼ばれていて。「さっこちゃんはおねしょして、メイコのお人形さんのパンツ履いたのよ」って。大人になってもそんな話をされましたっけ。

メイコさんも、私が大人になってから共演ができたとき、こんなことをおっしゃっていた。「覚えているわよ、あなたは小さいお手々で、エンドウ豆の筋をむくのがとっても上手だったのよ。一生懸命やっていたわよ」って。可愛がっていただいたんです。

中学生になると、少女モデルの仕事を始めました。銀座を歩いているとき、スカウトされたんです。「洋服を着て、写真を撮らせてくれる?」と。大人ではなく、子どもでもない、その年代のモデルさんが当時、いなかったのでしょう。『婦人生活』『装苑』『女学生の友』とか、一日3件を掛け持ちしたこともありました。当時は憧れの的だった雑誌『ジュニアそれいゆ』にも出て、中原淳一先生のお洋服を着せていただいたこともありました。

このころしばらくの間、家族で赤坂に住んでいたことがあります。新坂町と呼ばれていたあたりで、すぐそばにあのプロレスラーの力道山さんが建てた、高級マンションがありました。

力道山さんご自身もその〝リキ・アパートメント〟にお住まいで、マンションにはプールがありました。あの頃、プールがついたマンションなんて、本当に珍しかった。そんな最先端の豪華マンションのプール開きに、近所の子どもたちと一緒に私も呼んでくださいました。まだ芸能界に入る前でしたが、大人気者の力道山さんが私のことを可愛い可愛いと言ってニコニコしていらしたのを覚えています。強くて優しくて。理想の男性像ってこういう人だ……、と思って見ていました。

厳しくて質素な戦後の家庭

そのような華やかな世界を垣間見たりしながらも、我が家は特に華やかでもなんでもなく、普通の家庭でした。兄も妹も、人前に出るのが嫌いな性質。3人兄妹の中で私だけが、父の俳優という職業に興味を抱き、その資質を継いでいたようです。

兄妹3人仲良く育ちましたけど、家の躾《しつけ》は厳しかったです。母はしっかり者で明るくて、でも時々かんしゃくを起こしました。「どうしてこの子は頑固でアマノジャクで強情っぱりなの！」が、母の口ぐせでした。私があまりに言うことを聞かないと、母は私を近くの電柱に縛り付けました。どんな悪いことをしたんでしょうね？　それはもう覚えていませんけど。ええ、父にも一度、縁側から庭に放っぽられたことがありました。……よほど私はキカン気だったのでしょうか。

父が家にいるときは、面白くておかしいことばかりでした。

暑い夏の日、お昼寝をしてるところへ「のっぺらぼうだよぉ〜」と、顔に濡れたちり紙を張り付けて脅かしに来て、あまりの怖さにびっくりした私に蹴っ飛ばされたり。またある日は「夕立だ！　おい、シャボン！」と壊れた雨どいをシャワー代わりに、身体じゅう石けんを塗りつけたところで、夕立が止んでしまったり……。と、父のやることは、とにかく笑えました。でも同時に父はお酒が大好きで、お酒に呑まれるところがありました。つまり歌舞伎の「魚《さかな》屋《や》宗《そう》五郎《ごろう》」です。一緒の食卓でご飯を食べていても、父が飲んでいて、気配が怪しくなってくることがありました。ふだんは優しい父の機嫌がだんだん悪くなってくると、私たちはそろそろだなって察します。で、父が爆発してちゃぶ台返しをする直前に、おかずの載ったお皿を持って、さーっと後ろに引くんです。

貧乏は貧乏なりに、明るくてにぎやかな家族でした。

父は俳優として確立してからは、立派に活躍していましたけど、毎晩銀座で飲み歩き、時には仲間を家に連れてきてはご飯を食べさせたりお酒を飲んだり。母は大変だったと思います。でも母はとびっくり明るくて、苦労をしてもお金がなくても、決して沈み込むような人ではありませんでした。そんな母を見て、「明るさは強さだ」と、自然に思うようになりました。

母のこうした姿は、私の人生観に大きく影響を与えたと思います。

スタジオ見学からチャンス到来！

父にくっついて映画の撮影所に遊びに行くのも、大好きでした。そういうときに喜んで行くのは、兄妹の中で私だけ。

撮影所には、岸惠子さんや有馬稲子さんのような絶世の美女が、オシャレなお洋服を着てすぐ側《そば》を歩いているのです。そのあまりの美しさに、私はうっとりしたものです。いつか自分も女優になりたい、と、憧れる気持ちはふくらむ一方でした。

そんなころ、たまたま父のドラマ撮影のスタジオ見学にＮＨＫへ遊びに行ったら、新企画のドラマの出演者を探していらしたプロデューサーの方が、私に声をかけてくださったのです。

「君、カメラテスト受けてみない？」

私にとっては願ってもないチャンスです。そして『バス通り裏』の出演決定。それにしても、よく何の経験もない私にこんなお役をくださったものだ、と思いました。あとで考えればこの当時、毎日連続で、ドラマを生で放送するなんていうのは、画期的な企画でした。と同時に、冒険でもあったのです。うまくいくかどうかわからないので、試しに1クール（3ヶ月）やってみよう、という番組でした。

ですから、有名な女優は使えない。ギャラもそんなには出せないから、なんなら素人でもかまわない。私は、そんな条件にぴったりと合う、「ちょうどいい人材」だったのかもしれませんね。

度胸で勝負？ の生放送

とはいえ私のほうはうれしくて仕方ありません。でも、当時の私はまだまだ子どもでした。

途中からは録画もできるようになりましたが、当初、番組はすべて「生」放送。今、撮っているものがそのまま、お茶の間のテレビに流れるのです。台詞《せりふ》を間違えても、段取りを忘れても、とにかくそのまま全部、テレビに映ってしまいます。

ですから、本来なら台詞も段取りも身体《からだ》に叩き込んで放送に臨まなければいけないのに、私ときたら本番なのに台詞を飛ばしたり、つっかえたりすることもしばしば。

放送中だというのに相手の俳優さんにこう言い放ったこともありました。

「あれ？　私、何て言うんだっけ？」

相手の方も困ってしまって、台詞を要約して、

「こうこう、こう、って言いたいんじゃないの？」

と助けてくださる。すると、私は、

「そうそう！　それよ。それで？　それから？」

なんて平気な顔で切り返す。相手の方はさぞかし、お困りだったでしょうね。

周りのプロの俳優さんたちは、失敗できないからガチガチに緊張してらっしゃいます。なのに私は恐いもの知らず。真剣さが欠けていました。当然、大人の俳優さんの中にはイラつく方もいらして、後で叱られました。演出家からも怒鳴られると、私は「ごめんなさい」と泣いて、反省して、でもその後はすぐケロリとしている。

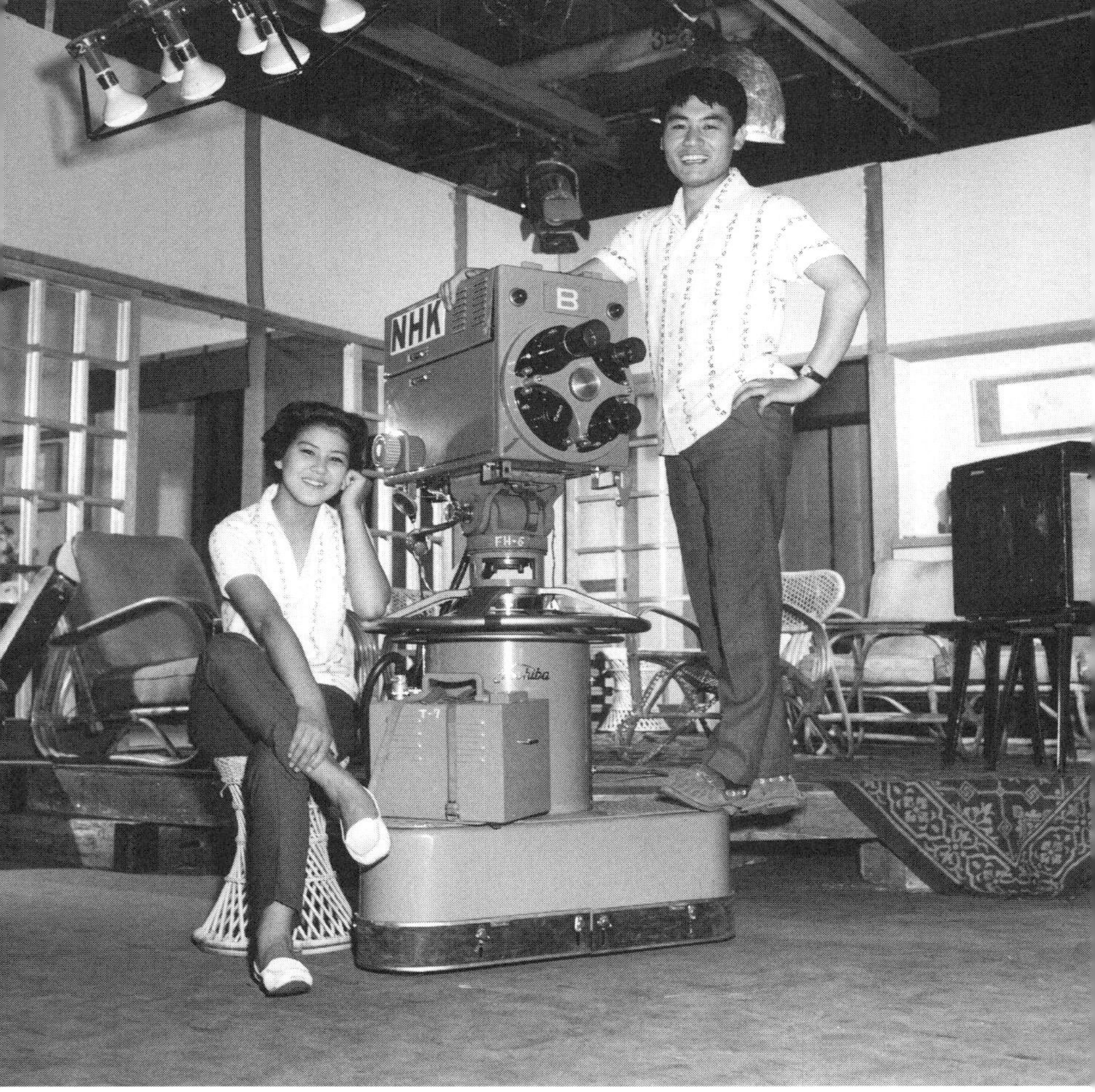

毎日、5年間続いた『バス通り裏』。共演者は家族同然でした。宗方勝巳さんと　©マガジンハウス

おかげで度胸が良い、物怖《お》じしない、天真爛漫だなどと言われました。でも、実は何も考えていない、子どもだっただけです。学校の友だちに、「面白いからおいでよ」なんて誘い、スタジオまで連れていってしまうような、そんな遊び半分の女優の卵でした。もっとも忙しさが加速して、その学校も、半年も通わないうちに行けなくなってしまったのですけれど。

『バス通り裏』は、当初3ヶ月で終わるはずだったのが、それを半年に延ばして放送。1年続き、2年続き、結局は5年間も続いた人気番組となりました。私の演じた〝元子〟は、予想外に人気が出ていました。

あの頃は、民放もまだあまり開局されてなかったころで、地方に行くとNHKの影響はすごくて、日本中どこに行っても、「元子ちゃん」と役名で呼んでいただけるほどになりました。

共演者のみなさんとの間でも、もちろん私の呼び名は「元子ちゃん」。コンビの相手だった宗方勝巳さんは「洋平くん」。「お母さん」「お父さん」「たね子さん」「あいちゃん」……。みんな役名で呼び合いました。実の家族より長い時間を過ごしていたのですから、本当に家族同然でしたね。

私は最年少だったこともあって、みなさんにとっても可愛がってもらいました。ほとんど年の違わない「洋平くん」の宗方さんも、きちんとお芝居を勉強なさってた方だから、私が本番で自由奔放にふるまってもちゃんと付き合ってくださいました。最初の「仕事場」があんなにいい現場だったのは、私の幸運の始まりだったと思います。

初めは白黒の生放送でしたが、やがて録画の機械が発明されて録画に。そのうちカラーになって。テレビがどんどん成長していく時期でした。

カラーになった当初は、照明がまぶしくて熱くて。スタジオは目玉焼きができそうな熱さで、肌がヒリヒリしました。ライトもカメラも巨大でしたね。振り返ると隔世の感があります。

『惜春鳥』

最初に映画に出たのも、そんな人気のおかげだったのでしょう。『バス通り裏』が始まって1年ほど経ったころ、1959年に公開の、松竹の木下惠介監督作品『惜春鳥』に出演させていただけることになりました。

この作品の主演は津川雅彦さんです。当時の津川さんは、本当に、目を見張るほどの美少年でした。きっと、あまりの逸材だから、引っぱりだこになってしまったのでしょうね。当初所属されていた映画会社日活から松竹に引き抜かれて移籍。その代償に1年間休業というペナルティを課せられていました。ちょうど、映画会社の間での引き抜きが騒がれていたころです。津川さんはそのお休みの間、アメリカに渡っていらして、1年後の帰国第1作ということで、注目を集めていたのが、この作品でした。その津川さんが演じる主人公の相手役に、テレビドラマに出始めてまだ1年生の私が抜擢されたのです。

木下恵介監督と最初にお目にかかったときのことは、よく覚えています。「お願いいたします」とご挨拶したら、あの大きな目でぎょろっと私の顔をご覧になった。この新人女優をどう料理しようか、観察なさったのでしょうね。しばらくしてからおっしゃいました。低い声で、囁くように。

「キレイに撮ってあげるよ」

津川雅彦さんと御一緒した『惜春鳥』のひとコマ　©松竹・1959

って。思ってもみないことを言われて、なんだかドキッとしたものです。

「君、台詞も覚えてないのか！」

それなのに、撮影初日から、例によって私は台詞も覚えずに現場に入っていました。木下監督は、「君、台詞も覚えてないのか！」とおかんむり。当然ですよね。だって映画はワンカットずつ撮ると聞いたから、その場その場で覚えればいいのかな、と思っていたのです。それまでTVの生放送の現場しか知らなかったので、台詞は現場で覚えるものとばかり思っていました。

そのときも台詞はすぐに頭に入り、撮影に支障はなかったはずですけれど……、すっかり呆れられて。武勇伝のひとつとなってしまいましたね。

この映画は会津でロケをしました。当時の映画、しかも名監督・木下作品ですから、非常に贅沢に状況にこだわって撮るんです。山をバックに撮るシーンでは、「雲が出てるから」と待機。しばらくして雲がなくなると、「雲がなさすぎる」と待機。ひとつひとつのシーンがその調子で。撮影は長期間にわたりました。

津川さんを取りまく青春群像劇でしたから、同年代の若い俳優がたくさん出ていました。有馬稲子さんや笠智衆さんも出ていらしたし、若い俳優陣も津川さんはじめ豪華メンバーで。中井貴一さんのお父さまの佐田啓二さんや、当時カントリーやロカビリーで人気があった小坂一也さんも出演していました。長い待ち時間も、いろんな方とおしゃべりできて、毎日がとても楽しかったのを覚えています。

ハードな日々

とはいえ、現場でそんな甘ったれたことをして許されていたのは、最初だけ。この時に松竹と3年契約を結びまして、その後次々に映画の仕事が入ってきました。今振り返ると、あのころが一番、体力的に大変だったかもしれません。

当時は映画全盛期で、毎月何本も新作映画が生まれていた時代です。私のような新人には、脇役も端役も、なんでも回ってきました。ひとつの作品で主人公の相手役をしていたと思うと、午後からは別の作品でお手伝いさん役、なんてこともありました。封切りの日程に迫られて労働組合も規約もなく、ぶっ通しで撮影は続きます。10代だからといって夜も昼も関係なく、徹夜して、そのまま次の日の撮影に入ることもしばしば。まだ若いので、眠気と戦うのが大変でした。

もちろんそれは、スタッフの方たちも同じです。セットの中での待ち時間、椅子に座って休もうとすると、こんな注意を受けました。

「セットの中で座るなら、上を確かめてからにしなさい。油断していると、上にいるライトマンが居眠りをして、重いライトが落っこちてくるかも知れないよ」

と。冗談ではなく、真面目な忠告でした。ライトではなくライトマンが落ちてきた、なんてこともあったそうです。みんなが寝不足で大変。毎日がそんな環境で、私は青春の日々を過ごしていました。

初めての恋

その一方でそのころ、小さな恋も始まりました。相手は『惜春鳥』にも出演していた小坂一也さんです。この作品の後も何本か映画でご一緒しています。

当時、松竹は若手俳優を大勢売り出していて、私も小坂さんもその中のひとりでした。みんな同年代で、津川雅彦さんをはじめ、桑野みゆきさん、少し年上の九条映子さんもと、12人ほどいらっしゃいました。仕事で集まる機会があると、その後みんなでご飯を食べに行くこともありました。

でもあのころの私は、どうやらとても子どもっぽかったらしくて。食事の後、どこかへ遊びに行こうという段になると、「幸代ちゃんは帰ったほうがいいよ」って。私だけ、先に送られ、帰らされてしまう始末です。

そんな中で、私を一人前のレディとして扱ってくれたのが、小坂さんでした。

一番最初に声をかけてくれたときのことは、よく覚えています。あの頃は白黒映画から〝天然色映画〟に移るころで、撮影部も照明部もメーキャップも、色彩について手探りの真剣さがありました。ですので朝、撮影に入る前、俳優たちはそれぞれに、最新の技術を身につけたメイクさんに順番に顔を作ってもらっていました。

早朝、メイク室で待っていると彼が私の顔を見つめ、こう言ったのです。

「君って、素顔はそういう顔なの？」

まだ17歳の私は、その言葉がなんだか意味深に思えて、妙に心に残りました。意識のどこかにひっかかって、それから彼のことが気になり始めて、その後の恋の入り口になったような気がします。

「公認のカップル」誕生

小坂さんはもともと歌手として活動し、そこから俳優に転身したので、すでに私より7歳年上。私から見るとすごく大人に見えたのですが、そばにいて話しかけてくれたり、何をするにも子ども扱いしませんでした。それが妙にうれしかったのです。

小坂さんは子ども時代、家族がひとつになれなかったようで、家庭的なものに憧れがあったらしく、私の家が大好きでした。我が家は、父は俳優でしたが、典型的な日本の家庭。父と母、3人兄妹で和気あいあいと暮らしている、その中で伸び伸びと育った私が、気に入ったようです。

デートの後、私を家に送り届けてくれると、そのまま兄や妹と一緒にゲームをしたり、おしゃべりしたり。そのうち遅い時間になってしまい、湘南の鵠沼に住んでいた彼はたびたび、泊まっていくようになりました。そんなことが続いて、だんだん家族

小坂さんとは〝カップル取材〟もたくさん受けました。ハタチすぎくらいの頃かな

の一員のようになり、もうひとりの兄のようになり、公認の恋人として、マスコミにも紹介されるようになりました。

今とは違って、当時は人気俳優さんたちの恋愛は、人気に差しさわりがあるとして、婚約や結婚まではひそかに進行していたようです。そして結婚の発表と同時にほとんどの女優が引退する……、というのが常識でした。

そんな当時に私たちは実際に恋人同士と公にしたものですから、デートの設定での取材などもたくさんされました。中には父も一緒に写っていたり。家族公認の微笑ましい恋人、ということだったのでしょうね。確かに実際にそうでしたから、特に隠すこともなく、オープンにお付き合いを続けていました。

映画に夢中

女優への憧れは、この頃見た映画の影響も、大きかったと思います。

小さいころから、映画は好きでした。物心ついたのは戦後まもないころで、アメリカ文化が一気に流れ込んできた時代。ですから私たちは、ディズニー映画を見て育ったようなものでした。

そしてその後少し成長すると、ハリウッド映画の素晴らしさに、私は夢中になりました。あのころは素晴らしいミュージカル映画がたくさん入ってきたのです。ミッチー・ゲイナーとかレスリー・キャロン、ドリス・デイ、本当に素敵な人たちでした。10代も半《なか》ばになって女優になるころは、オードリー・ヘプバーン、グレース・ケリーが登場。

フランス映画にも夢中でした。ヌーヴェルバーグの時代です。アンニュイで可愛かったブリジット・バルドーの『素直な悪女』（1956）。『死刑台のエレベーター』（1958）のジャンヌ・モローが大人でカッコ良くて。イタリア女優も素敵でしたね。『島の女』（1957）のソフィア・ローレン、『太陽はひとりぼっち』（1962）のモニカ・ヴィッティ、『わらの女』（1964）のジーナ・ロロブリジーダも、すごいすごい、と思いながら見ていました。手探りで女優を始めて、何かしら吸収できないかと思いながら見始めたのに、いつのまにかそんなことを忘れて、夢中になって見ていました。

もちろん男優も、素敵な人がいっぱいいましたよね。『太陽がいっぱい』（196

0）の、アラン・ドロンはその代表格でしたけど、私は彼よりも、彼と一緒に『地下室のメロディー』（1963）に出ていたジャン・ギャバンがすごく好きでした。『北北西に進路を取れ』（1959）のケーリー・グラントも大好きです。兄の影響で、ウエスタンのジョン・ウェインもファンでした。友だちには「渋好みね！」って言われて、あまり共感は得られませんでした。

でも、大好きな男優と言えば、なんといっても、クラーク・ゲーブル！

私のナンバーワン映画は、10代の初めに見た『風と共に去りぬ』（1939、日本公開は1952）なんです。あのレット・バトラーの素敵さは、忘れられません。

やっぱり女優になる！

そうして青春を謳歌しているうちに時は流れ、私が20歳のとき、5年続いた『バス通り裏』は幕を閉じました。そこからまた1年間、NHKで『おねえさんといっしょ』という、やはり毎日放映の帯ドラに出演し続けましたが、そもそも『バス通り裏』出演も、次のドラマ出演も、成り行きでそうなっただけ。自分で選んで「女優」

になったわけではありません。

こうして流されて、強い決心もないまま、女優を続けていいのだろうか？

本当に自分が仕事にしたいことはなんだろう？

……同年代の友だちがみな社会人になるこのタイミングで、私も将来について真剣に考えました。当時女の子は、「大きくなったらお嫁さんになる」というのが当たり前でしたし、大人になってどこかにお勤めするとしても、いつかは結婚して仕事を辞めるのが、女の生き方の常道でした。でも私の母は、私にこう言うのです。

「サッコちゃん。女もね、これからの時代は自活できないとダメよ。ちゃんと経済力を身につけて、ひとりでも生きていけるようにしなさい」

ですから私の中にはいつのまにか、自立心が芽生えていたのかも知れません。

だとしたら、私に何ができるだろう？　何がしたいんだろう？　いろいろと考えた挙げ句、出した結論は、やはり「女優」でした。

5年間、楽しいこともそうじゃないこともいろいろあった後で、遅すぎるとは思いますが、このときようやく私は本気で、女優として人生を歩んで行こうと決心したのです。

第二章
駆け出し女優

©日活『殺人者を消せ』・1964

初めての裕次郎さんの相手役。ヨットでの撮影がありました。
石原慎太郎さんのヨットを拝借して、
油壺から沖に出て、早朝から一日中ヨットでの撮影です。
乗員は私とスクリプターさん以外、みんな男性。
手持ちぶさただし、心細くて船室でメイク直しをしていたら、
「強いなあ。こんな揺れるところでよくできるね」
と、まるで友だちみたいにフランクに話しかけてくださいました。
緊張も解けて気分も晴れやかになって。
何しろ大、大、大スタアの裕ちゃんでしたが、
本当に気持ちのいい方でした。
誰に聞いても、裕ちゃんのことはうれしそうに話すんですよね。
みんな、裕ちゃんのことが大好きでした。

「なんでもやっちゃおう！」

成り行きで始めた女優業でしたが、あらためて自分の仕事にする、と決めてからの私は、テレビドラマに映画にと、声をかけていただいた作品には積極的に出演しました。駆け出しの女優ですから、まだまだ、選り好みできるような状態ではありません。

どんな作品であれ、役であれ、やってみないとわからない、自分の可能性もわからない。何もわからないけれど、「なんでもやっちゃおう！」みたいな。泳ぎ方は知らないけれど、目の前のプールに飛び込んでみたら、泳げるかも知れない。そう思って飛び込んで、アップアップしながらも、なんかちょっとずつ浮いている、みたいなものです。

60年代から70年代の当時、エンタテインメントの本流は引き続き、あくまでも「映画」でした。私が女優としてスタートした場であるテレビは、まだまだ新しいメディアとして、手探りで可能性を模索していたころです。出身がテレビの私ですから、お声がかかるのはやはり、まずテレビからでした。

時代が求める女性像を演じて

テレビは当時、ドラマが花盛り。それまでの連続ドラマで顔が売れていたおかげで、私にもずいぶんお声がかかりました。連続ドラマも単発ドラマも次々に出演し、常に台本を2～3冊抱えて飛び回っているような状況でした。

といっても最初のうちは、役柄はいつも〝隣のお姉さん〟。『バス通り裏』の元子役の印象が強かったのでしょう。毎回毎回、明るくて素直でおきゃんな女の子という同じパターンの役柄ばかりが続きました。

少し大人になると、今度は〝耐える女〟です。姑にいじめられても、夫に冷たくされても、どんなに苦労をしても、耐える女の役が続きました。いつまで経っても耐える女の役ばかりなので、「私って、そういうタイプに見えるのかしら？」と、あのころはずいぶん悩んだものです。

そういう「耐える女」のドラマは、当時、視聴者にはずいぶん人気があったようです。まだまだ今ほど女性が自分の意志を示すことができなかった時代。世の中には男尊女卑の空気も残っていましたし、社会的にも家庭内でも女性の立場はとても弱かったので、それを反映していたのでしょうね。

その後、30代を迎えたころ、たまたま木下プロのシリーズで〝働く女性〟を演じたら、今度はその反響が良くて。70年代当時の世の中の空気もあって、「自立した女」の役が続いた時期もあります。

大人ぶってタバコを吸って、いかにも切れ者風の強い女の役ばかり。これもまた、私自身とはかけ離れた役なので、ずいぶん頑張って演じた憶えがあります。その時は、うれしい気持ちでもありました。私は高校も途中までしか行ってないのに、演技の上でなら、〝朝吹里矢子〟のような弁護士さんや切れ者のキャリアウーマンにもなれる。「耐える女」に比べたら、共感できる部分もたくさんありました。

成長するにつれ、時代につれ、ありとあらゆる女の役をやらせていただきましたけれど、今思えば、それはいつも、その時代が求める女性の姿だったのかも知れません。

杉村春子先生との一度だけの共演

映画に比べてテレビのドラマは軽く見られた時代でしたが、そのテレビもどんどん力をつけた時期でもあり、舞台や映画で活躍されてきた「名優」と言われる方とテレビでお仕事をさせていただくことも、増えました。

文学座を代表する女優、杉村春子先生と一度だけご一緒したのも、舞台でも映画でもなく、テレビドラマでした。たしか杉村先生がお姑さんで、私がお嫁さんの役だったと思います。私がお茶を持って姑のいる部屋に入ってくる、というだけのシーンが、どうしてもうまくいきません。私の動きが、どうもぎこちないのです。何度かやり直しましたがダメで、いったん休憩ということになりました。

すると杉村先生が、「ちょっといらっしゃい」と声をかけてくださったんです。

「あのね、お部屋に入る前にここでお盆を置くでしょ、襖をちょっと開けて、そしたらここに手を入れて、その手ですうっと開けるのよ。で、お盆を先にあれして、それから自分が入って……」

文字通り、手取り足取り教えてくださいました。おかげで楚々としたお嫁さんの所作がぴたりと決まって、休憩後の撮影ではすぐにOKが出たのです。

私が、杉村先生のいらっしゃる文学座の劇団員だというなら、教えてくださるのもわかりますが、わざわざ貴重な休憩時間を削ってまで、親切にていねいに教えてくださったのには、感激しました。

ですから私はそれ以来、杉村春子先生、とお呼びしています。

本当に器の大きい、大女優でした。杉村先生はそれほど身長もお高くありませんし、目立つ風貌をなさっていたわけではないのに、舞台に立つとあのお小さいお身体に迫力が漲《みなぎ》り、私の目は釘付けです。映像ではまるでその中で生きているかのようなリアリティがあり、存在感があります。当時の俳優さんには珍しく、杉村先生はジャンルを超えることに躊躇《ちゅうちょ》なく、舞台でも映画でもテレビでも、役者として胸を張って演じていらっしゃいました。

杉村先生のようになりたい、とは、畏《おそ》れ多くて言えませんでしたけれど、目標にして頑張ろうと思いました。

映画界の高い壁

映画の世界では、20代のころは、テレビほど良いお役はなかなかいただけませんでした。

あのころの映画女優は、本当に美しい方ばかりでした。それにひきかえ私はまだまだヒヨコ、それほどの美女ではありませんし、いつまで経っても子どもっぽいし、庶民派代表です。

しかも、ちょっとテレビで顔が売れたからといっても、映画界では素人同然の扱いでした。なにしろ〝テレビは電気紙芝居〟と公然とバカにする人がいるほど、軽んじられていましたから。

父が俳優だったことから、「二世俳優として華々しくデビューして、苦労知らずでここまできたんでしょ」と、思われている方もたくさんいらっしゃいます。

たしかに、最初の抜擢においては、親の七光りはありました。その後も、父のおかげで可愛がっていただいたりしたこともあったと思います。

でも本格的にデビューしてからの女優人生は、それほど甘いものではありませんでした。

子ども扱い、テレビ出身の素人扱い、相手役・脇役扱い……。名前ばかりが先行していましたが、大きな事務所や劇団、映画会社の看板や後ろ盾もありませんから、強く売り込みもできず、仕事も選べません。それより何より、演技を習うところも、撮影現場のほかにはないのです。

そんな逆境でしたが、女優という仕事を選んだ以上、私は実力を身につけたかった。正統派の「美人女優」ではないけれど、だったら中身で勝負できる女優になろうと思いました。

駆け出しの女優として、行く先々の現場で吸収できるものはすべて吸収しようと、あのころの私は貪欲だったと思います。もっとも、外見はポワンとしているので、あまりガツガツしているようには見えなかったらしいのですが。

並み居る大スタアの相手役

テレビ出身で、〝スタアさん〟ではなかったおかげで、良いこともありました。制約なしに、いろんな現場に呼んでいただけたのです。

当時の映画界には、「五社協定」というものが存在しました。映画会社がそれぞれ専属のトップスタアと監督を抱え、自社内のメンバーだけで映画を作るのが、そのころの慣習。でも、当然のように引き抜き合戦が起こり、いろいろと問題が絶えませんでした。そうした経緯を経て、主力の映画会社5社は、

〈俳優は他社の映画には出演しない、監督は他社の映画を監督しない、互いに引き抜きはしない〉

という協定を結んだのです。もちろんベテランの脇役陣はその5社を渡り歩いてお仕事をなさっていましたが、若い主役や相手役の多くは協定のしばりがありました。それが私には幸いしました。映画全盛のあのころは、日本中あちらこちらに映画館があり、ひっきりなしに新作が封切られるような状況ですから、協定を守って自社の俳優だけで製作すると俳優が足りなくなることがあります。そんなとき、テレビ出身で、どの会社とも契約していない、私のような女優に声がかかるのです。

スタア女優が足りなくなると、「間に合わないし、しょうがない、あの子でいこう」と思ったのではないでしょうか。松竹、東宝、東映、大映、日活、いろいろな映画会社から、大物スタアさんたちの相手役として呼んでいただくことがありました。

つまり「穴埋め」で呼ばれていたんです。謙遜なんかじゃなくて、本当にそうなんです。自社のスタアがいたら、その人で撮ったと思います。そういう時代でした。

でも、そのおかげで大物俳優さんの娘役とか、人気スタアさんの相手役とか、いろんな大スタアのみなさんと共演させていただきました。ひょっとしたら私、一番幅広く数多く、いろんな方とご一緒させていただいているんじゃないでしょうか。どの方とのお仕事も思い出深く、大切に記憶にとどめています。少しだけ、お話ししますね。

中村錦之助さん

当時共演した超大物スタアのおひとりは、中村錦之助さん。後の萬屋錦之介さんです。『笛吹童子』で一世を風靡した錦之助さんは、当時も別格の輝きを放っていました。梨園の御曹司の中では、歌舞伎界から映画の道を選んだ初めての方でした。

当時は、歌舞伎役者さんが映画に転身するのを恐れたため、歌舞伎の名門の家の役者さんでも、「映画に出たら歌舞伎には戻れない」という決まりがあったそうです。

『一心太助　男一匹道中記』の中村錦之助さんと私　©東映・1963

私がご一緒したのは、錦之助さんのシリーズ物『一心太助　男一匹道中記』（1963・東映京都・沢島忠）続いて『関の彌太《やた》ッぺ』（1963・東映京都・山下耕作）で、私にとっては初めての時代物でした。

このときは、困りました。

私、日本髪のカツラが全然似合わなかったんです。時代劇の女優さんは、鼻が高くて切れ長の大きなお目めの、美人系の方が多い。ところが私ときたらおヘチャだし、顔全体がちまちまっとしてて。カツラをかぶった自分の顔を見て、

「なーんて似合わないんだろ」

って、我ながら残念に思いました。

衣装の着物にしても、つんつるてん。私は当時としては背が高いほうだったものですから、衣装部の有りものの着物では丈もゆきも足りないんです。あわてて新しく仕立てていただいたものの、着物姿での立ち居振る舞いが、これがまったく身についていない、所作もなにもひどいものでした。

初めての中村錦之助さんとの共演シーンは、夜間の撮影でした。

私は暴動の大勢の人たちとともに走り回り、それを望遠レンズで撮るカットを数回繰り返し、そこへ一心太助の錦之助さんが登場。すると驚くことに、現場が急に明るくなったようなオーラがあるのです。

印象に残ったのは、錦之助さんのお肌。夜の照明に照らされたお顔が、うっすらとピンク色で、ぱあっと光を発しているようで、惹きつけられました。

時代劇の俳優さんのメイクは、カツラがのるように、舞台化粧くらいに濃い方が多いのですが、錦之助さんはまるでスッピンに見える薄いメイクで、なのにとてもキレイでした。「スタアさんは違うなぁ」って思ったのを覚えています。

並べば私のほうが微妙に背が高かったのですが、

「そういうときは、草鞋《わらじ》をちょっと厚めに編んで高さを出したり、足袋《たび》の中にヒールを入れてうまく都合するんだよ」

と、小道具さんからうかがったことがあります。さすが、錦之助さんともなると、周囲もすみずみまで気を遣っていらっしゃるのだと感心しました。

石原裕次郎さん

石原裕次郎さんと初めて共演したのもこのころ、20代初めのころだったと思います。ある時、日活作品、『光る海』に、主演の吉永小百合さんの友人役で呼ばれて出演しました。そのときの様子をご覧になっていた、有名なターキーさん、水の江瀧子プロデューサーが、私を裕次郎さんの相手役に抜擢してくださったのです。当時裕次郎さんは29歳、私は21歳でした。

石原裕次郎さんの相手役と言えば、奥様になられた北原三枝さん、芦川いづみさん、浅丘ルリ子さんが有名です。けれど、北原さんは裕次郎さんと結婚して引退なさっていましたし、きっと後のお二方がお忙しかったのだと思います。

それにしても驚きました。撮影の前に、他の作品の撮影中のセットに、ご挨拶に伺ったのです。すると椅子にかけていた裕次郎さんはぱっと立ち上がり、私に向かって、

「よろしくお願いします！」

と、きちんとお辞儀をなさったんです。あの、大スタアさんが！　ぺえぺえの私に！

冗談じゃなく、本当に礼儀正しい方なんです。それでいて、ふだんはフランクに話

しかけてくださる。

撮影所の雰囲気も、あのころの日活は独特でした。みんな若々しく、溌剌《はつらつ》としてました。大船の松竹撮影所は伝統もあって、その道のオーソリティが大勢揃っているところで、撮影所の中も、みんなシーンとしてなんだか威厳があって圧倒されます。ところが日活は、撮影所の門を入って歩いている私に、どこかから誰かが〝ピーッ〟って口笛を吹いてきたくらい。私が、真っ赤なコートを着てたから。

お昼時の休憩に食堂に行ったら、スタッフも俳優たちも、みんなお友だち感覚で、和気あいあいでおしゃべりして笑ってました。裕次郎さんの存在はそんな新しい日活の象徴だったんだと思います。スタアっぽくない、大スタアでした。

昔のスタアさんは、マネジャーとか付き人とか、たくさんの人を引き連れて撮影所入りする方が多いのですが、裕次郎さんはひとりでした。颯爽《さっそう》と、ご自分で車を運転して撮影所入りしていらっしゃるのを見て、裕次郎さんらしくてカッコイイなと、遠くから見ていました。ハワイのお土産に、素敵な真っ赤なムームーをプレゼントしていただいたこともあります。あのころはハワイが今のように身近ではなく、遠い楽園、常夏の国、私たちの憧れでした。だから日本ではムームーもアロハも流行《はや》っていました。裕次郎さんがくださったムームーはふつうのものよりセンスのいい、オシャレな、とても上品な、特別なムームーでした。

そうそう、こんなことがありました。『殺人者を消せ』（１９６４・日活・舛田利雄）の撮影では一般の公道でのロケがありました。私は令嬢役で、恋人である裕次郎さんを助手席に乗せて、おしゃべりしながら車を運転するシーンです。

その車を横から撮るために、歩道にレールを敷き、カメラマンたちが台に乗ると、4、5人のスタッフがその台を手押しで動かして並走。撮れたら公道の交差点を通り過ぎるのです。ドライバーの私はスローのスピードのまま運転しつつ会話すればいい、というのですが、実は私は当時、免許取り立ての新米ドライバーでした。必死で運転しながら演技して、なんとか無事終了してホッとしたところで、裕次郎さんが苦笑いしながらこうおっしゃいました。

「俺、いろんなアクションシーンを撮ったし、かなり冒険もしてきたけど、今日の撮影ほど、怖い思いをしたことはなかったなぁ」って。

何をされても絵になる裕ちゃん。『殺人者を消せ』での思い出深いシーンです　©日活・1964

油壺でのロケでは、裕次郎さんのお兄さんの慎太郎さんのヨットを拝借して、一週間ほどヨットの上で撮影でした。毎日早朝から陽が沈むまで沖に出て、スタッフはみんな男性。女性は私とスクリプターさんだけでした。手もちぶさたで、心細く、船室の中でメイク直しをしていたら、

「こんなに揺れているのによくできるね。強いな、酔わないんだね」って、友だちみたいに話しかけてくださって。緊張していた気持ちが緩み、晴れやかになりました。

いつも気さくで、気持ちの温かい方なので、撮影所で、裕ちゃんが嫌いな人はいませんでした。誰に聞いても裕ちゃんの話をすると、みんなうれしそうに話すのです。テレビ局の廊下なんかで久しぶりに偶然会ったりすると、「あー、裕ちゃん!」って自分から抱きついてしまう。自然にそうなってしまうような人なんです。

渡哲也さん、渡瀬恒彦さん

渡哲也さんと、弟さんの渡瀬恒彦さん、おふたりにはご縁があって、それぞれに、そして珍しいご兄弟ご一緒のドラマ『あまくちからくち』(1971~1972・N

HK）でも、共演させていただきました。

渡さんとは、20代のころに『陽のあたる坂道』（1967・日活・西河克己）で相手役をさせていただいたり、92年には渡さんが長期療養から戻られたときの記念第1作『生命燃《いのちも》ゆ』（1992・テレビ朝日）でも、夫婦役で共演させていただきました。渡さんは本当に生真面目で、繊細で、細かいところにも気がつかれて、もちろん誠実な方。完璧な渡さんの前ではそそっかしい私は、ご一緒させていただくと、緊張してしまいます。

渡瀬さんのほうは、若いころはやたらと「喧嘩が強い」と言われていたようですが、私にはいつも、いたずらっぽい眼でニヤッと笑う、やんちゃなお顔が印象的で、忘れられません。

『震える舌』（1980・松竹・野村芳太郎）では、夫婦役で共演させていただきました。医療ものですが、追い詰められてパニックになっていく、極限の演技を一緒に演じたのは思い出深いです。この映画で私、「ブルーリボン賞主演女優賞」をいただきました。主演女優賞はこのときが初めてです。そして渡瀬さんも同じ映画で「キネマ旬報ベスト・テン 主演男優賞」を受賞なさって。うれしかったですね。お互いの相乗効果で、いいものができたのだと思います。
ご兄弟、どちらも個性があって、素敵な好対照。仲もおよろしかったようです。

高倉健さん

高倉健さんと初めて共演したのは、私が20代後半のころでした。『地獄の掟に明日はない』(1966・東映・降旗康男)。この作品のラストシーンが印象的でした。男と女がこの街から逃れようと船着場で約束をして、二人がそれぞれ待ち合わせた港に向かう。途中で男は若い男に刃物で刺され、倒れてしまう。カットバックで港で彼を待つ女。いつまでも彼を待ってる女。……エンドマーク。この作品の降旗監督は、その後の高倉さんの映画を数多く演出されておられます。健さんはあまりご自分から口をきいたりはなさらないけど、周りにはとても細やかに気配りができる方でした。私が現場で立っていると、ご自分の椅子をこちらまで、付き人さんに運ばせてくださるんです。

私は恐縮してしまって、「大丈夫です、結構ですから」ってお断りするんですが、付き人さんは「いえ、座ってください、高倉に叱られますから」って。

その後もう一度ご一緒しています。東映の太秦撮影所で撮った『日本侠客伝《にほんきょうかくでん》　刃《やいば》』（1971・東映・小沢茂弘）です。この映画ではなぜか私は楚々としたいい女の役でした。

私は癖のある女ならマイペースで演じられるのですけれど、〝いい女〟というのは、どうしていいかわからなくなってしまう。撮影中、健さんからお誘いいただいて、スタッフの方々と一緒にお食事に連れていっていただきました。そのとき「いい女は苦手です。こういうすっとしたいい女って、私には無理なんです」って言ったのをよく覚えています。健さんはなんて返事なさったのだろう？　忘れてしまいました。

高倉さんは、演技論をとうとうと語るような方ではなく、言葉にはなさらないのですが、セットに入られた時からひとりでじっと役になりきっていらっしゃいました。

お酒をめし上がらないようで、タバコとコーヒーばかり飲んでいらっしゃった姿が思い出されます。いつもラフにお召しのふだん着にも、高級な質の良い物を、さりげなく着こなしていらっしゃって、とてもオシャレな方でした。

小坂一也さんとの15年

そんな素敵な方たちと共演する機会が続いたのに、そのころの私は誰とも恋に落ちることはありませんでした。私のそばにはずっと、小坂一也さんがいたからです。17歳で始まった恋は、20代を通り越して30代に入ってからも、続いていたのです。

付き合い出してすぐに、そしてその後も何度となく、彼からプロポーズは受けていました。でも私は、結婚する気になれませんでした。女優としてまだまだ未熟、これからが正念場だと思っていたからです。

小坂さんは家族公認の恋人でしたし、結婚しなくても、結婚同然のお付き合いは続いていました。実は我が家には、小坂さんの部屋まであったのです。

20代に入ったばかりのころ、私は家族のために家を建てました。父は俳優として活躍しましたが、私たち5人家族を養いながらも、後は全部お酒に使っていましたから、我が家はそれまでずっと借家住まいのままでした。そこで私が、15のときから働いて作った貯金をはたいて土地を買い、その土地を担保にお金を借りて家を新築したのです。目黒区内の、3階建ての一軒家。7LDKのその家には父、母、兄、妹、それぞ

20歳で建てた家の中で（上)、表で両親と（下）

れの部屋があり、そのころには家族同然になっていた小坂の部屋も作ったのです。

当初からずっとオープンな仲でしたし、私ももともと隠しごとが下手な性分なので、私たちふたりはマスコミの格好のネタとなりました。週刊誌なども、何か新しい話題があるとその記事ばかり書くのに、何も起こらないと、思い出したように私たちのことを書き立てたりするのです。

同居が表沙汰になると、また面白おかしく書き立てられてしまうので、せっかく建てた家の側に小坂さんがアパートを借りて、そこに私が通って一緒に暮らしたこともあります。彼とのままごとみたいな暮らしの中、私が最初に作った料理は、ふたりの大好物のカレーでした。

今でも忘れません。私の生まれて初めての料理奮闘記。

ふつうの娘なら、中学生くらいから母親と一緒に台所に立って料理を教わったり、見て覚えますけれど、私は仕事をしていたので、そういう時間を持てなかったのです。

うっかり、カレー用という、ごろっとしたかたまりのお肉を買ってきてしまって、それが煮ても煮ても柔らかくならないんです。一緒に煮込んだ人参もじゃがいもも、煮崩れて溶けてしまっているのに、お肉は固いまま。お腹がすいてすいて。結局6〜7時間かかったでしょうか。あの失敗がトラウマになって、その後しばらくは料理をする気がうせてしまいました。

そうそう、当時玉川髙島屋にはドライブインシアターがあって、車に乗ったまま映画を見られたんです。そこにふたりで、よく映画を見に行ったのを憶えています。そこならあまり人の目を気にしなくてもすみましたから。

形だけの「結婚」、そして突然の裏切り

とにかくお付き合いしている間、ずーっと騒がれていましたから、大変でした。20代も中盤になったころからは、「結婚か?」「結婚か?」って。そればかり。当時女性は、20代前半で結婚するのがあたりまえだったんですよね。しかも、公然のカップルなんですから、「いつするのか?」と常にマークされていました。

こんなに騒がれるなら、いっそ形だけは結婚したことにしてしまおう、と決めたのが31歳のときです。それまでも届けは出さないものの、ふたりで暮らしていました。

お正月に親戚の集まりで小坂さんを紹介したのを機に、「結婚した」と発表すると、マスコミのみなさんは「ついにゴールイン！」と、寿ムードで盛り上げてくださって。とはいえ、実際の生活は何も変わりませんでした。おつきあいして、15年めでしたから、今さら新婚気分でもないのです。ただ、発表したおかげでマスコミ攻勢も少し落ち着いて、ほっとした……はずでした。

ところが、それから1年も経たない秋のある日。突然小坂さんがいうのです。

「僕、好きな人ができたんだ」

青天の霹靂《へきれき》でした。彼は15年もの長い間そばにいて、家族同然、いて当然。空気みたいな存在になっていました。

この人はずっと私のそばにいるものだと、私は勝手に思い込んでいたのです。

でもそう言われて次の瞬間、ひとりの女性の顔が頭に浮かびました。

「相手はあの人ね？」

と名前を言うと、その通り、合っていました。女の勘はすごいものですね。私は彼の心変わりすら気づいていなかったのに、なぜか、ふと、少し前に彼が共演した、その女性の名前がすぐに浮かんだのですから。

泣いたり怒ったりの話し合いを重ねましたが、彼の気持ちは揺らぎません。散々もめたあげく、しかたがないのでお別れしましょう、ということになりました。婚姻届も出さずじまいでしたし、住んでいたアパートも私のものでしたから、彼が荷物をまとめて出ていけば、それでオシマイ。

15年も一緒にいたのに、あっけないものでした。

後で彼の友だちから聞いたことですが、彼の恋愛はこのときが初めてというわけではなかったのです。それまでにも、共演したヒロインに恋するようなことが、2度3度とあったそうですが、お相手に届かなかったようです。私ときたら、何も気づきませんでした。

17歳で始まった初恋は、32歳まで続いて、そして突然、思いがけない形で終わりました。そのときの私の気持ちは、とてもひと言では言い表せません。愛が失われた、という哀しさもありましたが、それより悔しさのほうが大きかった。裏切られたことに、深く傷つきました。

長い間信頼して、家族同様に支え合ってきたはずの人が、手のひらを返したように、軽々と背を向けて去っていったのですから。それはコタえました。

デビューしてまもなくの10代後半、そして20代のほぼすべてを、彼とは共有していました。だから、ずっと信じていた世界が、足元からガラガラと崩れてしまったような心細さもありました。

なぜ？　どうして？　と、考えればとめどなく涙があふれるし、眠れない。

「ねえ、嘘でもいいから、今日だけでいいから、1日だけでいいから、戻ってきてくれない？　眠れないのよ。」

ついに彼に電話で頼みました。あえなく却下でした。

……なんてみっともないことをしたんだろう。ますます、自分が哀れになって、なおのこと眠れなくなりました。でも……でも、私には仕事があるから無理にでも忘れて、眠らなくてはいけない。でも、忘れられない……。外に出れば明るく振る舞い、帰るとまた悲しみの発作に襲われる。悶々《もんもん》とひとり、苦しむ日々でした。

全身全霊で舞台に挑む

そんな悲しみの嵐から救ってくれたのは、やはり仕事でした。責任ある大役を引き受けていた私は、いつまでも涙にくれているわけにはいかなかったのです。

小坂さんと別れたのは12月。ちょうどそのとき、私は芸術座お正月公演に、「史上最年少座長」として大抜擢されたばかりで、新年の公演を目前に控えていました。それまでは、お声をかけていただくままに、あらゆるお仕事にチャレンジしてきました。ただ、口にはしませんでしたが、「いつかは舞台の真ん中に立ちたい」、という思いをずっと、胸に秘めていたのです。もともと父は舞台俳優でしたし、幼い頃から舞台をみていたのですから。

20代のうちに2、3度、舞台の仕事をさせていただき、その先の可能性に向かって、これから勉強していこうと思っていた矢先に、芸術座からお声がかかりました。お正月公演で「座長」として山本周五郎の『おせん』をやらないかというお話です。長年の夢が実現する、大きなチャンスです。

第二章

駆け出し女優

『おせん』の舞台で。乙羽信子さん、石田太郎さんと　©東宝演劇部

共演の方々は島田正吾さん、乙羽信子さん、甲にしきさん、寺尾聰さん、石田太郎さん……。新人座長としては申し分のない方々でした。

全身全霊で立ち向かっても務まらないような大役です。役作りはもちろん難しいうえ、所作、衣装のこなし方、息の合わせ方、舞台の緩急のつけ方……。やってもやっても、なかなか満足がいくものにはなりません。もう少し、あと少し、と無我夢中で目の前の課題に向き合ううちに、苦しい気持ちも忘れ、悲しみもいつしか遠ざかっていきました。

同時に、やればやるほど舞台の醍醐《だいごみ》味を感じている自分にも気づきました。映画の世界はやっぱり、美男美女の世界です。どこか、自分の居場所じゃないような気がしていたので……。それに、映像では、カメラや照明の力を借りて、いろんな演出法で、カバーもしてくださいます。フィルムは編集ができます。

しかし舞台は、一旦舞台の上に放り出されてしまうと、その役者の実力が丸見えです。何もできない人は、何もできないことが丸見えなんです。いったん舞台に上がったら、はじめからしまいまで、あらゆる方向からすべてを見られてしまう。嘘も誤魔化しも効かない、実力勝負の場です。だからこそ面白いのだと、あらためて知りました。俳優であるからには、私もこの舞台で大きく咲き誇れる女優になってみせる、という強い気持ちが湧き起こってきたのです。

「緊急〝離婚〟会見」

ところが、思わぬ事態が待っていました。そうしてがんばってお正月公演の初日を迎えてまもなく、マスコミが私と小坂さんの別れを知ったようです。劇場を出ると連日のようにカメラを向けられ、大騒ぎです。これでは舞台にも支障が出てしまう。仕方なくケジメをつけるために、中日《なかび》も間近のある日、緊急記者会見を開くことになりました。

会見は開きましたが、自分が別れたかったわけでもないのに、私のほうから別れの理由を説明するなんて、理不尽です。しかも大事な公演の最中です。とりあえず私に言えるのはこれだけ、ということしか申し上げられませんでした。

へいたらなかったけど、自分では一生懸命、できる限りのことをしました。

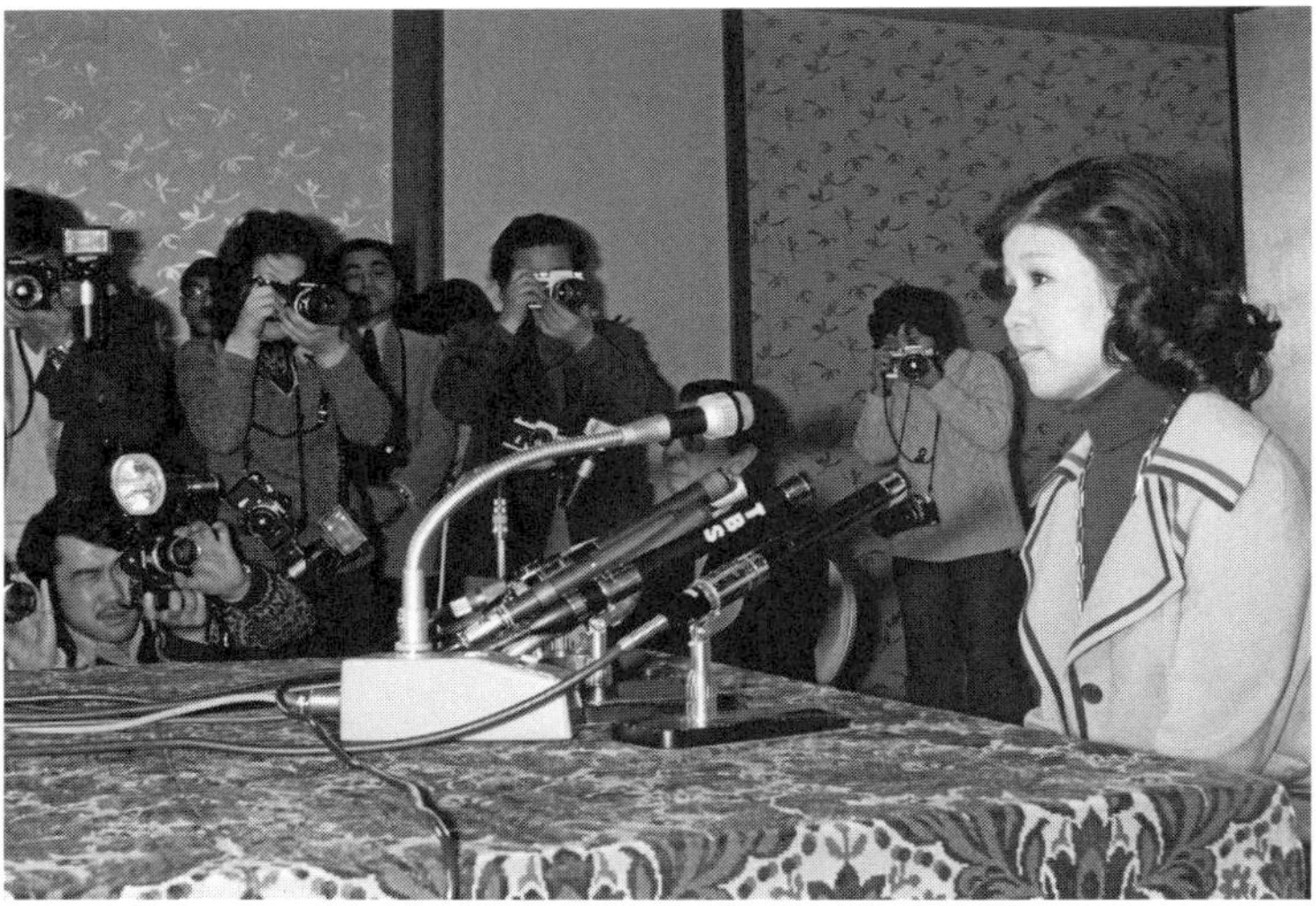

舞台のさ中に急きょ〝離婚〟会見を開くことに　©マガジンハウス

理由は全部あちらにあるので、私の口からはなんとも申し上げられません〉

会見を受けて、マスコミはもちろん好きなように書き立てました。「永すぎた春」、「結婚1年足らずの心変わりで別離」などと。でも、もう舞台に集中したかったので、何を書かれようと気にしませんでした。気にしないことにしたんです。

ただ、悪いことがあると、その裏側には良いこともあるもの。世間の方はみんな私の失恋を知って、同情してくださったのか、その公演は連日、大入り満員でした。

皮肉なもので、その『おせん』という物語には、現実の私とそっくりのシーンがあったのです。最初の恋人に裏切られ、捨てられて……。「なんでこんなシーンがあるのかしら」と思いながら私は演じているのですが、その場面になるとお客さまはみんな、ぐーっと身を乗り出して見ていらっしゃるようで。「ダブって見られてる」と、最初は嫌だったのですが、予期しなかった反応が、だんだん可笑《おか》しくなった記憶があります。

『男はつらいよ　寅次郎子守唄』

寅さんの映画（1974・松竹・山田洋次）に出たのも、小坂さんと別れる前後のことでした。寅さんのマドンナの、健康的で明るい看護師さんの役です。

渥美清さんは小坂さんとも仲が良かったので、結婚したときにはお祝いだからと、何人かでお食事をご馳走してくださったこともありました。私のほうは、渥美さんとは以前、連続ドラマ『おかしな夫婦』の棟方志功夫妻役で1年間、ご一緒したこともあります。だからこそ、沈んでいる姿を見せたくない、と空元気《カラ》で明るく振る舞いながら、胸の痛みを隠して撮影に向かいました。

そのとき私を見て、山田洋次監督はこうおっしゃっていたんですって。「十朱幸代というのは、本当に明るい女優だね。心底明るい人なんだね！」って。生涯で一番沈んでいた時期なのに。

実は撮影の前日も、私は小坂さんと別れの話し合いをしていたんです。彼はもう心変わりをしていたのに、私は泣いて泣いて、話は終わりません。でも、泣きながら、はっと気づいたのです。明日は映画の撮影がある！　これ以上泣くと顔が腫れてしまって、撮影に差し支えてしまう！

「もう泣くのはやめる。話もここまで。おしまいにしましょう」

そう言ってぴたっと泣きやんだ私を見て、彼は呆れたそうです。「そこまで女優なのか」と。

次の日の撮影では、笑い転げるシーンもありました。そのカットがちゃんと撮れて、ああ、よかった、と思いました。女優って、そういうところがあるんです。私生活で何があろうと、仕事場に持ち込んではいけない。つらくても、笑ってカメラの前に立たなきゃいけない。私はそのとき、もう十分に女優になっていたのです。

女の意地

こういうどん底を経験してみて、やはり仕事を持っているというのは、幸せなことだと思いました。どんなに傷つくことがあっても、仕事があれば乗り切れる。仕事に集中すれば、忘れられる。仕事が私を求めてくれるのです。

女の意地も、ありました。それまでずうっとマスコミにさらされていましたから、長い付き合いの末に私が失恋したことは、世間がみんな知っている。だから弱みを見せたくなかったのです。無理に気を張って、強がって、振り返ることをしませんでした。そうやって、乗り切りました。

その後もいっぱい恋をして、その都度別れもありました。時には未練もあったり、つらいこともあったけれど、この小坂さんとの別れを乗り切ったことが、私を強くしてくれたと思います。あのつらさを乗り越えたのだから、今度も大丈夫、とね。

ついでに、その後のこともお話ししましょうか。小坂さんは出ていった後、その方といろいろあったようですが、そう簡単には事が運ばなかったようです。そして彼女とうまくいかなくなると、私に電話してきたり、訪ねて来たり。こちらはやっと決断して前へ進もうと思ったところへ……。そうするとやっぱり、引き戻されるんです、気持ちが。かと思えば彼はまた、彼女のところに戻っていく。

いい人だったし、優しくて楽しい人だったけど、ちょっと優柔不断なところもあって、甘えん坊だったんです。私としては、きっぱりとお別れした人ですから、決して元のサヤに戻るつもりはありませんでした。

父が私に言いました。「覆水盆に返らず、だよ」。

最後は父が小坂さんを諭してくれたと聞いています。

「自分で出ていったのだから、戻ってこないほうがいい。もうこれ以上、彼女の心を揺さぶるようなことはやめなさい」

その後は、彼に逢うことはありませんでした。

第三章

ひとつひとつ階段を上る

©マガジンハウス

史上最年少の座長として舞台に立ったのは、32歳のときのこと。

キャリアの長い俳優さんの多い中、テレビで顔が売れているからと抜擢された私をあまり歓迎しない方もいらっしゃいました。

「ちょっとここ、そんな言い方じゃ私の台詞が言いにくいのよね」

後で考えれば「意地悪」だったな、ということも言われました。

でも、舞台が開く日は決まっています。それまでにやるしかない。

自分で自分に役を叩き込んでいくしかないのです。

そうやってひとつひとつ、女優の階段を上ってきました。

舞台の世界に飛び込んで

『おせん』の正月公演をきっかけに、舞台への進出ができたことは、女優として大きな転機になったと思います。史上最年少の座長として芸術座の舞台に立ったのは、32歳のときのこと。それまでの芝居の座長さんといえば、いずれも華のある大スターであり、功績、実力の備わった方々ばかりでした。重責におしつぶされそうな思いで臨みましたが、幸いにもお客様の入りも良く、それ以降、毎年2ヶ月間の芸術座の公演を20年間続けさせていただきました。

でも、舞台のお芝居は、大変です。映画やテレビドラマとは、まったく違い、今までの芝居では通用しません。

映像の場合は、カメラが微妙な表情の違いや細かい仕草を拾ってくれますけれど、芝居ではポーンと、広い舞台の上に放り出されてしまう。客席の砂かぶりから大向《おおむこ》うまで、一番後ろの隅っこに座っていらっしゃるお客さまにまでも伝わるよう、芝居をしなくてはなりません。台詞も、動きもまずはわかりやすく、大きく。とは言っても、ただ大きければ良いわけではありません。しっかりと役の心根を捉えて表現する。大きな劇場であっても微妙な心の動きまで届くように演じなければなりません。

芝居の〝間《ま》〟も大変重要な要素です。台詞、動き、そして〝間〟は、舞台の上では自分の計算しかありません。編集などで演出の裁量の比重が大きい映像と違って、舞台では役者の力次第で芝居が大きく変化します。

最初は、発声でも苦労しました。舞台では、小声で話す場面でも、その小声はしっかり伝わる小声じゃないと、ダメです。そのうえ私は、感情が入るとついつい早口になってしまう癖がありました。それではお客さまに、わかりにくいし、伝わりません。発声だけでなく身のこなし、化粧に至るまで、あれもこれも、いろんなことで、最初のうちは稽古になりません。何をやっても、どう動いても、ダメ！　ダメダメ……ダメ出しばかりでした。

毎日、稽古場に行くのが怖くてつらい時期もありました。

それに舞台の世界には、キャリアの長いベテラン俳優さんたちが大勢いらっしゃいます。そんな中で、テレビで顔が売れているからと、いきなり私が主役に抜擢されたわけですから、最初のうちはあまり歓迎されませんでした。大丈夫？　本当にちゃんと務まるの？　と心配もあったと思います。

脇を固める女優さんに、

「ちょっとここ、そんなふうな言い方じゃあ、次の私の台詞が言いにくいのよね！」なんて、ぴしっと言われたこともあります。私が長台詞で必死さを訴えるところでは、芝居ではなく大きなため息をつかれたり、顔をそむけられたり。段取りよりも早くに引っ込まれた、なんてこともありました。確かにまだ実力の備わらない未熟な主役でしたが……。どうやらそれは、意地悪だったようです。

でも私、その場で気が付かないんです。ああ、そういうものなんだ、と思うだけ。トロいというか、のれんに腕押しっていうんでしょうか。イジメられても何をされても事態が飲み込めなくて、スイマセンって謝ってしまう。

そして、お昼休みは、しっかり食べないと猛稽古についていけないと、私がお弁当を食べていると、「あの子、あれだけ怒られたのに、平気でめし食ってるよ。心臓に毛が生えてるね」って笑っていらっしゃるのが見えました。これは、脚本・演出をなさっていた、今は亡き小幡欣治先生でした。そしてその後何本も、私のために作品を創り出してくださった恩人です。

確かに、何を言われようとこの仕事をやり抜くのだ、という強い気持ちで、私はこの舞台に取り組んでいました。

自分に役を叩き込む

これに先立つこと数年前、20代の終わり頃、2度、舞台に娘役で立たせていただく機会がありました。長谷川一夫さん座頭の「東宝歌舞伎」、森繁久彌さん座長「森繁劇団」。そのとき、無残なほどに、自分の力の無さを痛感しました。

何もできなかった。無様でした。和服に慣れていないので、着物を着て立ったり座ったりが現代的になってしまうし、歩くだけでもうまく歩けない。

これではいけないと、あわてて日本舞踊を習いに行きました。街中《まちなか》のお師匠さんですけれど、とてもお上手な方です。通常のお稽古を2回つけていただく二段稽古にしていただいて、3年で花柳のお名前をいただくことができました。お三味線を持つことも多く、長唄も習いました。遅まきながらそういうことをして、なんとか、おっつ

『雪国』の駒子役。竹脇無我さんと　©東宝演劇部

かっつという感じでした。あんなに似合わなかった日本髪もいつのまにか、まぁ、なんとか見られるようになりました。

もっとも私が一番似合うのは、お姫さまの日本髪ではなく、市井《しせい》の女の乱れ髪。『おせん』を始めとして、私が度々演じた山本周五郎作品のヒロインのように、貧しくても、髪を振り乱して必死で生きる女の髪型は、徐々に私の顔の上におさまって、その時代を生きるけなげな女の顔に見えてきました。

そうやって少しずつ舞台の芝居を覚えて、なんとかやってきました。私には師匠はいないし、劇団の先輩もいない、学校で学んだわけでもありません。

叱られたって、いびられたって、自分でやるしかないんです。めげているわけにはいかない。だってもう舞台の初日は、決まっていて、どんどん日にちが迫ってきているんですから。それまでにやるしかない。自分で自分に役を叩き込んでいくしかないんです。

そうして、30代の私はひとつひとつ手探りで、女優の階段を上っていったのです。

見て学ぶ、失敗して学ぶ

舞台の演技は、普通は誰も教えてはくれません。しきたりとか習慣を含めて、見て覚えるしかないんです。ですから自分の出番のない時間は、とにかく舞台の袖から、共演者の先輩の芝居を見ていました。長谷川一夫先生、山田五十鈴先生、島田正吾さん、辰巳柳太郎さん……。だんだん古くなりますが。森繁久彌さんや三木のり平さん。森光子さんともご一緒しましたし、草笛光子さん、浜木綿子さん、赤木春恵さん。そうそうたる先輩たちの舞台が、私の教科書でした。ありがたいことに、時々は、直接に教えていただいた先輩方も、いらっしゃいました。

こんなこともありました。東宝歌舞伎に出演させていただいたまだ20代のころのこと。山田五十鈴先生、長谷川一夫先生という大御所がいならぶ中、私は舞妓の役でした。

舞台では、役の顔は自分で作ります。初めての白塗りなので、あらかじめ父の知り合いの顔師の方にお願いして、教えていただいたのですが、一度で覚えきれるものではありません。下地に紅をうっすらと伸ばし、その上に白塗りをして眉を引き、小さく口紅を入れて、そして衣装を着付けていただき、カツラをつけて……、やっと舞妓さんのできあがり。

あのときの宝塚劇場は楽屋が上にあって、俳優たちはみんな、支度を終えるとエレベーターで舞台のある階に降りるんです。ふつうは、長谷川先生や山田先生がいらしたら、遠慮して先をお譲りするんですけど、舞台に間に合わないから同乗させていただくときもあります。すると、

「あなた、眉がヘンよ」

と、普段は口数の少ない山田先生が、エレベーターの中でお声をかけてくださいました。「もう少し三日月に描くといいわ」

私の描いた眉がひどくて、見るに見かねられたのだと思います。

「はい、ありがとうございます」

そして次の日のエレベーターの中で、「あら、眉……、変ね。おぼこは太く描くといいわよ」

「はい、ありがとうございます」

また次の日のエレベーターでは「あらあら、変ねえ。眉の下のほうは、ぼかして描くといいのよ」

当時の私は本当にのみ込みが悪くて、一生懸命教わった通りにやっているつもりなのに、やればやるほど、日を追うごとに、ますますどうしていいかわからなくなってしまい……。あのときは申しわけないやら情けないやらでした。

山田五十鈴先生の教え

山田五十鈴先生には、私が女優になる前から、魅せられていました。中学生のころに見た映画、『蜘蛛巣城』（１９５７・東宝・黒澤明）の山田五十鈴先生が、忘れられません。『マクベス』を翻案した作品でしたが、妻役を演じた山田先生の迫力に圧倒され、胸に焼き付いて、いつまでも離れませんでした。以来、私が演ってみたい役のひとつがマクベス夫人です。

可愛らしい女、妖艶な女、悪女、武家の奥方、芸者、花魁……、菩薩から阿修羅まで、時代物も、現代劇も、どんなお役をなさっても、すごい！　すごい！　すごい！

私が芸術座で出演するようになって、十三、四年経ったころ、『隠れ菊』という芝居で再び山田先生とご一緒させていただく機会を得ました。若いころは畏れ多くてお側にも近づけず、口もきけなかったのですが、そのときは少しお話をさせていただけるようになりました。

「先生が小道具をお使いになるとき、見惚れてしまいます」と申し上げたら、

「そう？　あなた、明日30分ほど早めに楽屋入りしなさい。教えてあげるから」と。

次の日、楽屋にお邪魔すると早速、煙草ののみ方を教えてくださいました。

「袂《たもと》から煙草入れと煙管《キセル》をこう出して、袋から出した煙管の先を煙草入れの中に突っ込んで、その中で煙草の葉を指先で丸めて詰めるのよ。芝居ではあらかじめ詰めておいてその所作だけでね。それから長火鉢の火でつけるときもあれば、そばにある煙草盆なら煙草盆の取っ手を取り、持ち上げて煙管にこう火をつける……」

「煙管をこんなふうに持つ人がいるけど、あれはおかしいわ、こうやって持つのが正しいのよ」

「2、3口吸ってから、煙草盆の縁に軽くポンと叩いて灰を出し、煙管をちょっと吹

いて中を空にして煙管入れにしまい……」

それはそれは丁寧に教えてくださいました。

酒を飲む、手拭いを使う、たすき、前掛け、着物をたたむ、三味線……。

舞台で拝見する山田先生から学ばせていただいたことは数えきれないほどですが、それにしても、わざわざ早く楽屋入りして教えてくださったことは、今となっては、私の宝物。本当にありがたくてうれしい思い出です。

舞台開眼

『おせん』の翌年は『おしの』、そのまた翌年は『おたふく物語』と、山本周五郎作品を原作としたお芝居で、お正月公演は続きました。芸術座ではその後も『雪国』や『櫂《かい》』など、演目を変えながら、20年ほど続いたのです。帝国劇場の『華岡青洲の妻』、新歌舞伎座の『五瓣《ごべん》の椿』、そう、ニール・サイモン『第二章』のような外国の現代物もありましたね。

芸術座は今はもうなくなりましたが、客席数が750席でした。客席と舞台が近くて、本当に囁くように台詞を言っても、伝わる、リアルな芝居が適している劇場でした。一方帝国劇場は１９００人くらい入る大きな劇場。ワイヤレスマイクを付けて演じます。大きくて、一番後ろの客席まで遠いから、目の動きだけで見せるような芝居は通じない。といって、指の先や少し顔の角度を工夫すればそれだけで伝わるようにもできます。

大劇場に出演させていただくようになると、それはそれで面白くなってしまって。今度はこうしてみよう、ああすればどうだろうって。本当にお芝居って、いつになっても奥が深い、「これで良い」ということは決してないのです。

今もいろんな舞台に立たせていただきますが、そのたびに新しい場所、新しいお客様ですから、反応も違います。その、演じてる今が、まるで生き物のように変化するのです。その中で劇場がひとつになるような一体感が生まれる、そんなお芝居ができたらいいな、と思います。

松本清張作品

テレビでは、松本清張作品に出させていただくことが多くありました。最初はまだ20代のころ、NHK銀河ドラマ『ゼロの焦点』（1971）で。これは、日本放送作家協会から女性演技賞をいただきました。それからいろいろな作品を経て、60代になってからもフジテレビ土曜プレミアム「松本清張生誕100年記念作品『駅路』」（2009）という作品に出させていただきましたから、私の女優人生ずうっと、ということになります。

仕事をきっかけに松本清張作品を次々読むようになりました。大ファンです。時代が移ってもいまだにドラマ化が多く、称賛されるのはやはり、リアリティあるミステリーで、登場人物の人間味あふれる魅力と、そして台詞が生きて感じられるからでしょうか。

1977年には、TBS東芝日曜劇場の『二階』という作品で、ヒロインを演じました。たしか最後……、渡辺美佐子さんが死体になって、私がその死体の足を引きながら、ずるずると移動させるシーンがあって。死んでいる役の渡辺さんが眼を開けた

 まま、まばたきも無しで長い間引きずられていらっしゃったのが強く印象に残っています。先生もその放送を御覧になってお気にいってくださったようです。

実は私、一度、清張先生とお食事をご一緒したことがあるんです。その『二階』の御縁でお目にかかれることになり、プロデューサーの石井ふく子先生に連れられて、清張先生と3人でお食事しました。なんでもお見通しのような、清張先生の大きな眼に初めは緊張しておりましたが、しばらく話されるのを聞いていると、物静かな、穏やかな方だと感じました。

そのとき、こんな面白いお話をなさっていたんです。

「今はまだアイデアの段階なんだけど、高速道路の待避所、あるだろう？ あそこで殺人事件が起きる、っていうのはどうかと思ってね。ガタガタやっていても、男女がいちゃついているように見えるだろう。都会の盲点だと思うんだ」って。

さすがに面白いところに目を付ける方だと、密かに感心してしまいました。

清張ファンだという方に最近そのお話をしたら、そういう小説が本当にあるんですって。『馬を売る女』っていうそうです。あのときのアイデアは実際に作品になっていたんですね。なんだかうれしくなってしまいました。

セイタカアワダチ草

ご存じの方は多くはないと思いますが、私、歌の仕事もさせていただきました。大ヒットはしなかったけれど、今でも私の歌を覚えてくださってる方がいると、うれしくなります。

76年、当時はテレビの歌番組全盛の時代で、それを目にするたびに、歌手っていいなあ……、と思っていたのです。歌手は歌っている間、たったひとりにずっとスポットライトが当たっていて、まるでひとり芝居。いいなあ！　と思ったところにいいタイミングで、私にも歌のオファーがあったのです。

テーマは下町、歳時記風に何曲かでアルバムにするので、下町生まれの私に歌ってみないか、と。歌に自信があるわけでもないのに、私はそのお話に飛びつきました。その頃のヒットメーカーの吉岡治・作詞、岸本健介・作曲のおふたりで、新曲を13曲も作ってくださいました。そのアルバム『佃囃子《つくだばやし》』は、日本レコード大賞の企画賞に

『セイタカアワダチ草』は、『天城越え』などで有名な作詞家、吉岡治氏と、作曲家岸本健介氏の作品です。

ものノミネートされました。

NHKの「みんなのうた」でも使ってくださった『セイタカアワダチ草』（1977）は、同じコンビと作った2枚めのLPの中の1曲です。

サビのフレーズが印象的な曲です。

♪それ〜はないじゃないない〜、アハハ〜ハハハハ〜ン♪※

恋仲になっておきながら、沖縄の基地に行ってしまった外国の男の人を想っている女の歌。外来種の草・セイタカアワダチソウを、その男の人にたとえているんですね。ちょっと大人の、恋に破れた女の歌です。だけど、悲しくない。強がりながら、終わった恋を振り返る、カラッとした余韻を感じさせる歌でした。

なぜかその後も歌のお仕事が続いて、実は全部でなんと4枚のLPを出しています。

私はけして、歌が上手というわけではありませんけれど、歌詞の中にいる女を演じて、歌います。私にとっては、歌も映画やドラマと同じ、一生懸命演じた作品のひとつだと思っています。

※日本音楽著作権協会（出）許諾第1810232−801号

第四章

脱皮

『魚影の群れ』で、作品を作り上げていく醍醐味を知りました。
イメージを最大限膨らませる。監督とも意見をやりとりする。
初めての経験ばかりでした。
だって、真夜中の船着き場で、薄いコートの前をかきあわせながら
男を待っていて、鼻歌を歌いながら足踏みして
寒さをしのいでいるなんて、そんなシーン、
撮ったことなかったから。
それまでの私には、絶対に来ない役だったから。
ひとつひとつが新しい挑戦でした。
ワンシーン、ワンシーンを積み重ねて、
私の出番が埋まっていくたびに、
新しい自分が引き出されるような気がしました。

『魚影の群れ』

30代の終わりに、転機となる作品に出逢いました。映画『魚影の群れ』（1983・松竹富士・相米慎二）です。

もう十二分に大人の年齢にさしかかっているのに、相変わらず私の役は、清く正しく明るい、隣のお姉さん的な役柄ばかり。同年代の女優さんたちはもっと大人の女の深い演技で評価されているのに、私にはなかなか大人の役が来なかった。やりたいのに、できるはずなのに、と、ジレンマを抱えていたのです。

そこに突然舞い込んだのが、相米慎二監督の『魚影の群れ』でした。主役の緒形拳さん演じるのが、大間のマグロの一本釣り漁師。夏目雅子さん演じる娘と二人で暮らしています。私はその家庭を捨てて若い男と逃げ出した女房の役でした。脚本を読むと、それまでやったことのない濡れ場があるし、当然ヌードにもなる、しかも汚れ役です。

お話をいただいたとき、最初は、どうしようどうしようって、思いました。脱がなくちゃならないし、しゃべりながらのベッドシーンが延々と……。それまで大人の女を演じたいとずーっと公言していましたけれど、いきなりここまでのお役が来るとは……。正直だいぶ迷いましたが、ええい！　当たって砕けろだ！　と覚悟を決めました。

やるからには、今までの私のイメージを覆す必要があります。まずはビジュアルから工夫してみようと思いました。くたびれた女のヨレを出すために、髪は伸びきったようなパーマ頭。それから友だちの歯医者さんに、「なにかひとつ汚い歯を作ってかぶせるとか、できないかしら？」と相談しました。結局、歯に色をつけて汚れて見せた記憶があります。その細かいところまで画面には映っていませんが、そういう作りをしないと役に飛び込めなかったのです。今振り返ってみると、30代の女にしては、老けて作りすぎたかなって思うんですが、まあ、荒んだ生活をした女に見えてきます。そうしているうちに、役の気持ちが入ってくるから、不思議です。

1行に3日間

話も中盤にさしかかって、家出女房の登場シーンは、若い男と流れ着いた先の町で、偶然やってきた夫に出くわしてしまい、あわてて逃げる場面です。台本にはほんの2

第四章
脱皮

昼間の場末のバーのシーン。緒形拳さんと　©松竹・1983

行、「一瞬見つめ合い、逃げる妻、追う夫」とあるだけでした。

私は延々、走りました。長い道も階段も走り降り、土手を駆け上り線路を横切って、田舎道をずんずんずんずんずん走り続ける。

あの短いト書きでしたが、走って走って相当走ったので、あー終わった、と思ったら、監督は、

「明日も走りの続きを撮ろう」

ついに3日間、走り続けました。

走り終わったらどうするか、そんなところまで台本には書いてありません。相米監督が私に、「これ以上走れなくなったら、どうしますか?」と聞いてくる。

「うーん、どうしよう。もうくたびれ果てているから、逃げきれないと思って、道路に寝転ぶかな」

と答えたら、

「それ、やってみて」

と。それで、最後は道路の真ん中に、バーンと大の字になって寝転びました。

切り替わって、昼間の場末のバーのシーン。夫役の緒形さんが、カウンターでビールを飲んでいる。小さなバーをやっている妻の私は、引け目があるため向き合って応対することができず、台詞を言いながら、カウンターの上を拭いたり灰皿を片付けたり窓を開けたり、動き回ります。

相米監督はワンシーンワンカットの長回しで有名な演出家ですから、何度も何度もリハーサルをやるのですが、その都度私は、違う動きをしてしまいます。気分で動いてしまうから。

「緒形さん、すみません。やるたびに違うことばかりして、きっかけが違ってしまって」

と謝ったら、

「いや、いいんだ。そのほうが面白い」

って。緒形さんは、こちらがどんな芝居をしても、ちゃんと受け止めてくださる。臨機応変でいて、しっかりと自分の役を踏まえていらっしゃる。懐の深い、大きな俳優さんで、大変に助かりました。

言えなかったお葉書のお礼

緒形拳さんとはその後も何度かご一緒させていただいていますが、私の大好きな俳優さんの筆頭です。実にお芝居が好きで、現場がお好きな方。映画って撮影の合間に待ち時間が長いこともあるんですけれど、緒形さんはそういうときでも、「早く終わらないかなぁ」とかいうのがなくて、現場に身を委ねて愉しんでいる、という雰囲気が漂っていました。だから、ご一緒させていただく仕事は私も楽しくて、今日は緒形さんと一緒のシーン、どういう芝居になるんだろうと、ワクワクしました。

そうそう、実は素敵なお葉書をいただいたことがあるんです。まだ共演したこともない、私がテレビドラマの出演だけしかないころのことです。唐突にお葉書が届きました。文面は、

「放映を見た。良かった」

みたいな、短い言葉だけだったと記憶しています。

あの緒形拳さんが!! 頑張っているのを見ていてくださっている! と、とてもうれしかったです。

ただ、このお葉書のお礼は、ついに言えませんでした。

お葉書をいただいた当時、私は小坂さんと結婚同然のお付き合いをしていた時期でした。そこにお葉書が届き、置いてあるのを目にしたんでしょうね。小坂さんは、ゴルフのお仲間だった、緒形さんの先輩にあたる辰巳柳太郎さんに、それを話したようです。

「人の女に手を出すな！」

と、辰巳さんから怒られたと、ずーっと後になって緒形さんからうかがいました。せっかくのありがたいお葉書なのに、申し訳ないやら悲しいやらで。

本当に本当に、失礼なことをしてしまいました。

ターニングポイント

この『魚影の群れ』では作品を作り上げていく醍醐味を知りました。

自分がどう演じたいのか、イメージを最大限に膨らませる。監督に自分の意見が言えて、それを聞いてもらい作品の一部になっていく。女優になって20年も経っていましたが、初めての経験ばかりでした。

だって、真夜中の船着き場で、薄いコートの前をかき合わせながら男を待っていて、鼻歌を歌いながら足踏みして寒さをしのいでいるなんて、そんなシーン、撮ったことなかったから。それまでの私には、絶対に来ない役だったから。ひとつひとつが新しい挑戦でした。ワンシーン、ワンシーンを積み重ねて、私の出番が埋まっていくたびに、新しい自分が引き出されるような気がしました。

そして後から考えると、本当に意味のある仕事でした。あの作品をきっかけに、ガラリと役柄の幅が広がったのです。

私の、女優という仕事の節目となる、ターニングポイントとなった作品です。

『櫂』

その2年後、『櫂《かい》』（1985・東映・五社英雄）という作品に出演しました。このときも主人公は緒形拳さん、私は緒形さんの妻の役です。

当時、乗りに乗っている五社英雄監督が、宮尾登美子さん原作の映画化に取り組んだ大作で、私もここで爆発してみようと、勢い込んで現場に入りました。

実を言うと、撮影に入る前、五社監督は私のことが気に入っていなかったみたいです。なにかちょっと、言葉のはしばしに、そんな気配を感じていました。なんとなく現場にも、とまどうような空気が漂っている気がしていました。

すでにクランクインは済んでいましたが、いよいよ私の出番の初日。撮ったのは冒頭部分です。子どもたちを育てながら家のことをあれこれ切り盛りしている私を撮りながら、私の動きをカメラが延々追いかけてきます。ヤマモモ売りのおばさんとの何気ない会話……土間から上がり、居間、廊下を通り、次の間の神棚と家の中と生活を紹介しながらの長回しででした。

自然に動くのなら慣れたものです。難なく終えたと思いきや、重い空気が立ち込めています。

「舞台じゃないんだから！」

ボソッと、でもしっかりと、監督の声が私の耳に届きました。私の動きが速すぎて、カメラが追いつかなかったんです。これは誤算でした。でも、何度もやりなおすわけにはいきません。一回で、どう修正すればいいか、急いで考えました。リアルな動き方ではなく、カメラのスピードに合わせつつ、でも自然な動作でテンポ良く……。

「カット！」

この長丁場に、やっと監督の声が響いて。

ＯＫになった後には、ようやく監督の優しい笑顔を見ることができました。以降、スタッフの方々のピリピリ感も取れて、スムーズに撮影が進んでいきました。

物語は土佐を舞台に、女衒《ぜげん》でのし上がろうとする野心的な男を緒形拳さんが演じ、私はその男の妻役でした。男は暴君で、家のことは妻に任せきり、次々と外に女を作ってやりたい放題です。妻の私はまっすぐな性格で、夫の不実に耐えられない。苦しみと哀しみを心の内に秘めて、やがて病に倒れてしまいます。

自分に与えられた役を大きく膨らませイメージするのは、大事なことであり、楽しいときでもあります。ここはこうして演じたい、ここはこんなふうにしたらどうだろう？　と。夫・岩伍の逆鱗《げきりん》に触れ、殴られ、ど突かれ、髪を持って引っ張られるシーンでは、「引っ張られた髪が束で抜けてしまうのはどうでしょうか？」と提案し、使

『櫂』のころは毎日「うれしいな」って思いながら撮影に通いました。右は緒形拳さん

っていただきました。仕上がった作品では思ったほどの効果があったようには見えませんでしたが、でも激しさは倍増しました。

そして中でも思い入れがあったのは、妻の私が夫の愛人である女性とすれ違うシーン。本妻としての体面、プライド、愛人への嫉妬、優越感、怒りと哀しみ。いろんなものが複雑にからまり合った女の表情を、しっかり表現したいと思ったのです。ですから、アップで映して欲しかった。

でも五社監督はそのシーンを、引きで撮影しました。愛人と私がすれ違うその瞬間を、まるで風景のように全身が映る大きなフレームで撮りました。

「女性の観客はこういうところ、一番見たいんですよね。愛人とすれ違うときの妻の表情、見たいと思います」

心の中で叫んでも、口に出すことはできませんでした。

五社監督の頭の中は、映画全編の演出です。私は自分の役からしか見ていません。多分、その違いは……、愛人のほうに重きを置いたお考えだったのではと、出来上がった本編を見て気がつきました。

でも、あれはちょっと、悔しかった。やってみたかった、と今でも思います。

とはいえ、この作品はとてもヒットして、私も高い評価をいただきました。そして後の作品『夜汽車』につながっていくのです。

『夜汽車』

この『夜汽車』(1987・東映・山下耕作)では、私が扮する主人公の露子が、やくざたちの前で指を詰めるシーンがあります。

この場面は映画のクライマックスですから、どう演じたものか、考えました。でも、どうもひっかかります。女性がいくら力を入れても、指の骨まで一度に断ち切ることは普通ではできません。そもそもいわゆる「やくざ映画」を見たこともありませんでしたし、男性の力は強いので、同じようなシーンでも参考になりません。女性なら、自分ならどうするか……。

考えに考えたあげく、本番では足を使って自分の身体を小刀に乗せて演じました。結果、儀式のような形になり、迫力も増して、話題を呼ぶシーンになりました。

山下耕作監督は、20年以上前にも『関の彌太っぺ』でお世話になっています。当時は口もきけなかった私が、この映画では監督と議論するまでになっていて、驚かれただろうと思います。カメラの木村大作さんは今や監督としても活躍されている映像の第一人者。美しい映像がドラマに奥行きを加えてくださっています。

この作品は、私の初の主演映画です。『櫂』で私をキャスティングしてくださったプロデューサーの方が、再び宮尾登美子さんの短編をもとにした映画を作ろうと、企画書を出してくださったんです。ところがそれに対して宮尾先生も監督も映画会社も、反対だったそうです。当時私は44歳。今さら40代の女優をヒロインにしなくても、もっと若い人で作ればいいじゃないか、と。

でも後に聞いた話では、そのプロデューサーは企画会議で、「自分のクビをかけてでも、十朱でやります」と言ってくださった。そのおかげで私の初の映画主演は実現したのです。

取材記者の方たちは、この年齢で映画初主演というのは珍しい、意外だ、と驚いて

『夜汽車』で人生〝初〞の主役、露子を演じたのは44歳のとき　©東映・1987

いました。デビューまもなく映画の世界を知って以来、相手役、脇役、いろいろやった末に巡ってきた主人公役ですから、本当にうれしかった。

青春ドラマなら、若くてキレイで、溌剌とした子が、主演することができます。残念ながら私には、その時期の主役は回ってきませんでした。

でも、大人になった私は、いろんな味のする、「大人の女」の役で主演を勝ちとることができた。私の最終目標に手が届いたという思いで、この主演作品は、私にとっては大変に大きなご褒美でした。

でもまあ、こうやってなかなか主演までいかなかったところが、私らしいというか。早くに手に入れていたら、こんなものかって、思っていたのかも知れません。

ここまで、ずっと長くやれているのは、そのおかげなのかも知れません。この作品で私は、もう一度スタートラインに立ったような気がします。

京都・太秦で過ごした夏

『夜汽車』は、7月8月と、真夏の京都での撮影でした。しかも和服での暑さは相当の辛抱が必要で、汗が噴き出さないように水分を控えたり、氷をガーゼに包んで襟の後ろに乗せたり、いろいろ工夫しながらの毎日で、ようやくクランクアップしたときはもう、秋の気配が感じられるようになっていました。

ところが、その翌年の夏もまた、京都での撮影となりました。『極道の妻《おんな》たち　Ⅱ』（1987・東映・土橋亭）です。

自分とかけ離れた役柄ほど扮するのが面白い……等と豪語していた私でしたが、それにしてもどう逆立ちしても、私が極道の妻には見えないでしょう？　悪戦苦闘しつつ、いよいよクライマックスシーンの撮影に。

親分だった夫が死んで借金が膨れ上がり、女ひとりで敵方に乗り込み、居並ぶ組長たちを前に啖呵を切って大金を返すくだりです。……しかし、啖呵の台詞だけではインパクトが足りない。そこで、考えに考えた末、閃きました。

札束の山を包んだ風呂敷包みを四方に開いて中身を見せ、そこで啖呵を切る。

「ほな、これで失礼さしてもらいます」

と背にしたドアに向かい、ちょっと立ち止まり、再び元の位置に戻る。そして風呂敷の端をつまむと、サーッと札束の山の下の風呂敷を引き抜き、踵を返して引き上げたのです。

ほら、あれです。マジシャンがグラスタワーを倒さずにテーブルクロスをサッと引く。あの手を使ったのです。ちょっとした見せ場が出来上がりました。

このころ、夏は「また?」というほど、京都太秦撮影所が続きました。

そのひとつ、『花いちもんめ』(1985・東映・伊藤俊也)では、千秋実さん演じる義父が認知症になる設定で、私は面倒をみる嫁の役でした。この作品は第9回日本アカデミー賞最優秀作品賞を受賞。千秋実さんは同・最優秀主演男優賞、ブルーリボン賞の主演男優賞などを受賞。私も『櫂』と合わせて日本アカデミー賞主演女優賞、そしてブルーリボン賞の主演女優賞を受賞しました。

第五章

私を成長させた恋

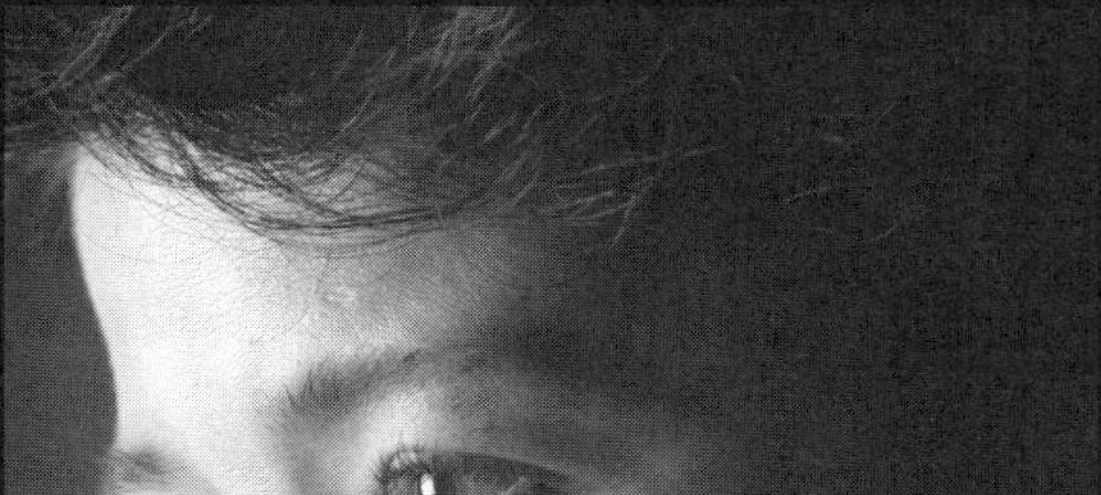

『MORE』1987年2月号・集英社　©秋元孝夫

彼とは婚約寸前までいきました。
私が結婚というものに一番近づいたのは、
あのときだったように思います。
そのころには仕事にも少し余裕が生まれていて、
「今なら結婚という選択肢もあるかもしれない」
と思ったのです。
実は、婚約発表会見を1週間後に準備する、
というところまで、行っていました。

モテ期到来！

30代から40代、演じることがどんどん楽しくなっていったこの時期、私はたくさん、恋もしました。32歳で小坂さんと別れた私は、その時点から急に視界が開けたのです。17歳から32歳まで、私は他の男性に見向きもしなかった。ちょっとでも他に目を向けたら、すべてが崩れてしまうような気がして、自分でセーブしていたのだと思います。

でもその分、別れてからの私は自由！　を謳歌しました。これが青春？　そんな気分でした。なにしろ恋人がいなくなったことを世間がみんな知っているんですから。急にモテ期到来、でした。

どの恋も、私なりに真剣でしたし、本気でした。残念ながら終わってしまったけれど、どれも大切な思い出です。

恋愛って、魂と魂がぶつかり合うような感じですよね。そのときの気持ちは、本人でしかわからない。ですから本当は、人に恋愛のことを話したこと、ほとんどないんです。友だちにも話していない。しゃべってしまうと、壊れてしまいそうな気がしますもの。

だから思い出のまま、大切にしまっておくつもりでした。恋愛のことは、当人同士しかわからないもの。どんなに誠実に話しても、受け取り方によっては周りの方に御迷惑をかけたり不愉快に思われたりすることもあります。また、自慢めいて受け取られることもあるでしょう。

でも同時に、これが私、という思いもあります。舞台や映画、テレビの仕事でしかみなさんは私をご存じないけれど、それはひとつひとつの作品の中、その役の女でしかありません。それぞれの作品が私にいろいろなことを教えてくれたのと同じように、ひとつひとつの恋もまた、私にたくさんのものを残し、教えてくれました。今の私を語る上で、恋愛のことを外すわけにはいかない、とも思うのです。

演技もそうですけど、何かを表現するなら、素裸《すっぱだか》で舞台に立つほどの覚悟で自分をさらけ出さないと、人の心を打つことはできないと思うのです。

なので、特に私を育ててくれた、思い出に残る恋愛について、少しだけ記しておこうと思います。

「いいもの」を教えてくれたあの人

彼は背が高いんです。私がキッチンにいると、入り口の鴨居に手をかけて、こう、上から覗き込んでくる。なんて大きな人かしらって、びっくりして、ドキドキしたのを覚えています。

昔に、映画で共演したことがありましたが、お付き合いが始まったのは30代のことです。

出会いのきっかけは、俳優のAさん。京都の撮影所で久しぶりにお会いして、飲みに行こうということになりました。お店から、Aさんが「彼」に電話をかけようということになって……。実は、この電話には、前振りがあります。

Aさんとは、3、4年前にテレビの連続ドラマで共演していました。番組の打ち上げの流れでAさんが連れていってくれた小料理屋のカウンターに、店の常連だった「彼」が、たまたまお食事に来ていました。またまた飲んで楽しさ倍増の私は、はしゃぎすぎて、最後はすっかり酔いつぶれてしまったのです。

翌朝めざめて母にたずねると、「サッコちゃん、大変だったのよ。…さんがあなたを抱っこして、家の狭い階段を上がって、あなたをベッドまで運んでくださったのよ」

えっ！　えーっ！　•••さんが私をお姫様だっこでベッドまで！

あーあ残念！　残念残念！　なんで眠ってしまったんでしょう。少しでも意識があったらどんなにうれしかった事でしょう。……と私は地団駄踏む思いでした。

京都からの電話で彼とお話したのは、そのとき以来でした。Ａさんから受話器を受けとり、あのときのおわびとお礼を申しあげるうちに、私はふと、彼にお願いをしていました。

「•••さんの使っているスポーツジムを紹介していただけませんか？」

私はそのころ、体重がぐんぐんと増えていたので、ジムを探していました。

そして東京に戻ると、その翌日、彼は、行きつけのジムの女性専用施設のパンフレットを、持って来てくださったのです。

そして、それから……、ほとんど毎日のように逢うようになっていました。一緒にいるだけで、いろいろなことを教わりました。

ただ、ストイックなほど、自分のイメージを大事にする方でしたから、表で逢うこともままなりません。お互いのアパートを行ったり来たりするだけです。たまには外で食事したいと私がわがままを言うと、レストランの個室で仲間に声をかけて、大人数にまぎれてのデートです。

どうしても、ふたりで出かけたい！　またわがままを言いました。もともと私は出かけるのが好きで、家にばかりいるのは性に合わないんです。

「じゃあ、ドライブに行こう」

外が暗くなってから、彼は自分の車で迎えに来てくれたんですが、そのときばかりはびっくりしました。ウィッグなんかかぶって、それがまた、申し訳ないけど似合わないウィッグなんです。今思い出すと笑っちゃうんですけれど。それくらい用心深い方でした。

決して上手とはいえない私の料理を、セッセと食べに通ってくださいました。デザートのチーズケーキやアイスクリームをおみやげにして。

ある日は、とても上等なステーキ用のお肉を持ってきてくださったのですが……。

焼き方がヘタクソで、せっかくのお肉が、もったいないことになってしまいました。

でも、そんなことも楽しめるくらい、ふたりはまさに〝恋〟におちていました。

お付き合いを始めて1年くらい過ぎたころでしょうか。彼が言いました。

「結婚しよう」と。

夢のようでした。

でも……。

彼は、「結婚したら仕事は辞めろ」、などと言ったわけではありません。でも口に出さなくても、そう思っていることは伝わってきます。

いつまでも一緒にいたかった。別れたくなかった。でも、私は舞台にも足場を得て、やっと本格的に動き出したばかりの女優の仕事を、思いきれませんでした。

結局、私には、結婚に踏み切る勇気がありませんでした。

ちょうどそのころ、彼の身内にご不幸があり、喪に服している間に、なんとなくふたりの間の空気がおかしくなってしまって。彼が、私の仕事への思いを察した……ということもあります。ですから、心変わりしたわけでも、どちらかが浮気したわけでもない。そういう別れではなかったのです。

お別れした後、一度撮影所で行き合いそうになったことがあります。早朝、撮影所のエレベーターが閉まる寸前に、飛び乗ろうと走り寄りました。すると一旦閉まりかけたドアが再び大きく開き、その中に見覚えのある付き人さんがいらっしゃったのです。（あっ、きっとその奥に、彼もいる！）と思いました。

私は気づかないフリをして、「いえ、お先にどうぞ」とエレベーターには乗らず、その場を離れました。それきりです。

結婚と迷いと別れ

その後も、私、恋愛はしましたけれど、結婚を申し込まれると、本当に困りました。長い年月を一緒に過ごした小坂さんとも、結局、本当の〝結婚〟には至らず、別れてしまいました。

男性はやはり、結婚して、自分の子孫を残して、ひとつの家庭を築くのが、男子一生の目標なのでしょうね。それはよくわかります。

でも結婚は、私には向いていない。私はいつも、結婚を申し込まれるたびに、女優という仕事のほうを選んでしまう。たいていはそこで、お別れが来てしまいます。

私、若いころは〈恋多き女〉なんて言われました。否定はしません。だって私の周りには素敵な男性がたくさんいましたし、私は誰とも結婚していないから、自由でした。恋愛したって、誰にも迷惑かけるわけじゃない。素敵な恋、いっぱいしました。

でも恋愛すら、仕事をするうえで、本当は邪魔だったんです。私はすぐに夢中になってしまうから。ひと筋だから。心がそっちに行ってしまうんです。撮影の最中にも、「早く終わらないかな～」なんて、思ってしまう。困ったものです。

私が若いとき、いえ、30代、40代になったころも、日本の世の中では、結婚したら女性は仕事を辞めて家庭に入るというのが、当たり前の不文律のようなものでした。

今はほとんどの女性が、家庭を持っても、子どもを育てながらでも、働いている。全然状況が違います。ですから私が当時、結婚と仕事の二者択一で悩み、結婚を諦めたというお話をしても、わかってくださる方は少ないのかもしれないですね。同年代の女性なら、たぶんわかってくださると思います。

第五章

私を成長させた恋

『MORE』1987年2月号・集英社　©秋本孝夫

結婚だけでなく、出産という問題もありました。40代を目の前にしたときは、私も少し、迷ったのです。当時、もうその年齢は、子どもを産むにはギリギリの年齢でした。

女として生まれたのに、子どもを持つのを諦めるのか、本当にそれでいいのだろうかと、自問自答を繰り返した時期もありました。

それでも私は、やっぱり仕事を選んだのです。たとえ1年休んで子どもを産んだとしても、生まれたらもっと子どもを見ていたくなるかもしれない。可愛くて可愛くて、ずっと側にいたくなるかもしれない。そんな迷いを抱えながら、女優という大好きな仕事ができるとは思えない。するべきでもない。

結局私は、家庭を持つのを諦めました。女優という仕事が好きだから、私はそれと引き換えに、夫や子どもと家庭を築く自分を、捨てたのです。

同志愛でむすばれた彼

彼とは、舞台で恋人役をしてからのお付き合いでした。

毎日毎日、舞台の上で顔をつき合わせて、朝から晩まで、たとえセリフでも「好きだ」「好きです」と言い合っているうちに、いつのまにか本当に好きになっていました。もちろん、恋人役の方みんなとそうなるわけではありません。だから、気が合ったというのでしょうか、お互いに。

この公演の稽古中に、私の父が肺がんで亡くなりました。77歳でした。よく、私のことを「ファザコン」と呼ぶ人がいましたが、私自身はそんなことはないと思って、いつも否定していました。でも……。父は短気で怒りっぽい人でしたが、私は父にメチャクチャ可愛がられて育ちました。兄妹の中で唯一、自分と同業の女優という職業を選んだ私を、目を細めて喜んでくれてました。

女優になったきっかけも、原点も、やはり父です。

父がいなくなった喪失感の中で、「私ってやっぱりファザコンだわ」と、初めて気がついた次第です。

父が亡くなっても、一日も休むことなく稽古が続きます。その中で、恋人役の彼が父に重なり、「……この人、ここがパパに似てる！」なんか父に似てる、と惹かれていった要素も多大です。

今だから白状してしまいますけれど、当時彼は、結婚して家庭を持っていました。ですから、不倫。今だったら大変なお叱りを頂戴していたと思います。当時もマスコミに知られて、かなり叩かれました。でも、言い訳になりますが私は、離婚を前提に別居なさっていると彼からは聞いていましたし、もちろん、私は彼と結婚したいなんて、つゆほども思ったことはありません。

彼とは、いわば、同志のような関係でした。

舞台公演で共演となると、ほぼ二十日間ほどの稽古があり、それから2ヶ月間の東京公演、そして地方公演と、共演者たちと長期間一緒に過ごすことになります。私はお酒が好きなので、その日の舞台が終わると仲間たちと楽屋で飲んだり、外に出かけて食事しながら飲んだり。そして、芝居の話をしながら楽しく過ごすのが大好きです。彼も同じでした。そうやって一緒にいるうちに、芝居の同志のような連帯感が生まれて、彼とは良き相棒のような関係になっていったのです。

気取らないし、飾らない。ハンサムなのに、しみじみとした人間味のある人。

芝居の面でも彼は、素材の良さをそのまま出すような、上手く見せようとしない人でした。私は彼のそんなところも好きでした。舞台でのコンビも好評で、3年続きました。結婚も考えなくてもいいし、ある意味気楽で、いい関係がしばらく続きましたが、でも彼もまた、別の舞台で共演した女優さんに恋をして、私のもとを去っていきました。

そのときも私、たまらなく悔しかったのですけれど、でもまあ、好きになっちゃったのならしょうがないわね、どうぞ、そちらにいらしてください、と思いました。

そんな別れ話を私の部屋でしている最中のことです。そうとも知らず、外には週刊誌やスポーツ紙の記者たちが何人も張り込んでいました。マスコミはちょっと遅れて、このタイミングで、すごく盛り上がっていたんです。もう終わった恋なのに、〝熱愛中！〟と書きたくてしょうがないんですから。外から見ればホットな仲だと思ったのでしょうが、もう中はすっかり冷え冷えしてました。皮肉なものです。

別れ話が終わって、さて、彼はここから出ていかなければならない。でもドアを一歩出たら、待ち構えているカメラマンたちに、いっせいに写真を撮られ、コメントを求められるに決まっています。帰るに帰れない状況で、彼は困っていました。

もう別れるんだから、勝手に困ればいいのよ、なんて、私はそういう意地悪ができない性質。なので、彼を秘かに裏口から出してあげました。お隣のお家の塀を乗り越えて、彼は慌ただしく帰っていきました。それが彼との最後でした。

そして、その傷もやっと癒えたころに、私に舞台の仕事が来ました。芸術座で公演したものの再演です。「相手役はどなたですか？」と尋ねると、なんと、別れた彼でした。

思わず私、彼に電話して言ってしまいました。

「なんで受けたのよ！　気まずいじゃないの」

って。別れた相手と、好いた惚れたのお芝居をするのも、気まずいものです。とはいえ、仕事ですからちゃんと務めはしましたが、その1ヶ月の長かったこと。

身を投げ出してくれた人

ＮＨＫのテレビドラマでご一緒したのが、彼との出会いでした。

その日の撮影では、私の演じる女は、何かから逃げるという設定でした。ハイヒールを履いて、石畳の坂道を駆け下ります。後ろからその私を追いかけてくるのが、彼です。リハーサルを何度か重ねて、さあ本番。本番となると気持ちも入り、夢中で逃げました。すると、坂道の途中で何かにつまずいてしまい、体が宙に浮きました。転びかけたのです。

「あ、このまま地べたに叩きつけられる！」

恐怖にかられたその瞬間、彼は私の横に回り込み、倒れる私の下敷きになって、私を受け止めてくれました。

危機一髪！　すごい運動神経です。

そして、なんて優しく、カッコイイ！　こんなこと、他に誰ができます？

おかげで私は無傷ですんだのですが、彼はヒザのあたりに酷い擦り傷を負ってしまいました。幸い、病院に行くほどではなかったのですが、申し訳ない気持ちでいっぱいでした。そして同時に私は〝なんて素敵な人！〟と、感動していました。

ドラマは撮影まだ半ばで、後日地方ロケやスタジオ撮りも残っていました。

でもあの日から、私の頭のなかはキラキラキラキラキラ、心臓はドキドキドキドキドキして。

この恋心がスタッフや他のひとにバレないように細心の注意をしながら、でも心の中では「どうぞこの仕事が長引き、終了が少しでも遅くなりますように」と願っていました。

そんなある日、撮影の合間に彼が言いました。

「今日僕、誕生日なんだ」「じゃあ、撮影終わったらお祝いしましょう！」

急遽友だちのお店を貸切にしてもらい、ささやかなバースデーパーティをしました。

彼は率直で、侠気があって、嫌なところがひとつもなくて、ヤンチャで、笑うと可愛らしかった。

そして、ドラマ終了後、お付き合いが始まりました。

とはいえ、とても人気のある人でしたから、マスコミはいっせいに私たちを追いかけました。私の住む家の前には、黒いバンが四六時中停まっていて、中にはカメラマンがいつでもシャッターを切れるように待機していました。向かい側の細い路地を見ると、そこには別の男性がカメラを肩に立っています。

驚いたのは、当時ご近所の方がその記者たちに、お茶を差し入れてねぎらっていたこと。「ご苦労さま」「寒いのに大変ね」なんて。見張られている私にしてみれば、「どうして?」と、なんだか複雑な気持ちになったものです。

しかし、彼は正々堂々としていました。私が、休みだと言うと、自分で車を運転して迎えに来てくれました。行き先も自分で探して手配して、お友だちの経営する温泉に連れていってくれたこともあります。ふだんなら、何でもマネジャーさんや付き人さんに頼んですませてしまうことのできる立場です。でもそういうことは全部自分でやってくれました。そういうところも大好きでした。

マスコミからの逃避のために海外に出かけたこともありました。

1回目は失敗です。彼と私と、友だちも一緒に4人で行こうと計画したんですけど、空港に向かう途中で、もう記者たちが成田空港で待ち構えているという連絡が入りました。いったいどこから情報が漏れたのか……。仕方がなし、海外行きは中止して、その期間、日本国内を回って遊んだのを覚えています。

その次にトライしたときには、なんとか成功しました。以降、行き先はロサンゼルスとか、ハワイとか。彼がスキューバダイビングやゴルフをするので、私も教えてもらい、一緒に楽しみました。

彼が私の舞台を見に来てくれたこともありましたし、私が彼のショーを見に行ったこともあります。シンガーの彼が舞台で芝居をするとき、どうすればいいのか意見を求められたこともありました。そういう向上心や、人の言葉を聞く耳を、ちゃんと持っている人でした。

彼とは、婚約寸前まで行きました。私が結婚というものに一番近づいたのは、あのときだったように思います。そのころには仕事にも少し余裕が生まれていて、「今なら結婚という選択肢もあるのかもしれない」、と思ったのです。実は婚約発表会見を1週間後に準備する、というところまで、行きました。

それでも、ふたりの周囲には、反対する方がたくさんいました。自分の親、兄弟、彼のご家族の反対を前にしたら、私はそこから先に進めなくなってしまい……。迷いを振り切っても結婚する、という覚悟が私にないと知って、彼は去って行ったのです。

そもそもこの結婚は無理なのでは、という思いが、私にはやはりあったんですね。

私は年齢的に40代も半ば過ぎでしたから、彼の子どもを産むことは難しかったですし。あのとき結婚していても、結局はだめだったのかもしれない。きっとどこかで壊れてしまったような気がします。

私と別れた後、彼は愛する方にめぐり逢い、結婚してお子さんも生まれて、素敵な家庭を築くことができたようです。その幸せそうな様子を知り私は、あのとき別れて良かったのだ、と思ったのです。

第六章

痛みと大手術からの生還

『メイプル』2004年11月号　集英社 撮影／古川徳彦

仲良くしている友人から、
ある日電話がありました。
「あなた、大変よ！　ネットで見たら、
あなたは『死んだ』ってことになってるわよ」
あまりのことに、「へえっ？」と声を上げましたが、
すぐに理解しました。
私はそのころ、両足首の大手術を無事終えて、リハビリ中。
その間1年半は、テレビや舞台、スクリーン、マスコミからも、
一切姿を消していたからです。心ない噂には驚き、呆れましたが、
「まあ、いいわ。いずれは死ぬんだもの」
と、笑って受け流してしまいました。

痛み

ネットに一時期、「十朱幸代死亡説」というのが流れていたそうです。友人からそれを聞き、事務所に知らせたのは、ほかならぬ私でした。

「なんかね、私、死んだってことになってるらしいの。しょうがないわねえ」

と、苦笑いして告げると、マネジャーは絶句していました。

そんな噂が立つのも、無理はありません。私は一時期、仕事をすべて中断し、マスコミにも一切出ないで、1年半あまりかけて両足首の治療に専念していました。20１0年、68歳のときのことです。もう10年近くも経ったんですね。

40代以降、仕事に恋に没頭し、それでもいつも元気に過ごしていた私でしたが、ひとつだけ不安がありました。足首の痛みです。いつごろから始まったのか、今では覚えていないほど古くなります。もともと、中学生のころからしょっちゅう捻挫していたのです。関節の骨の噛み合わせが浅いとか、そういうタチなのではないかしらと、半分諦めていました。

舞台のセットでは、狭いところを動き、ちょっとした段差も多く、下駄を履くこともあり、突っかかって足首をひねってしまうこともありました。軽い捻挫ですから、ちょっと湿布してそのままにしてしまいます。するとしばらくして、また同じところを捻挫して、の繰り返し。その日の舞台が終わってから、大事に至らないようにと整形外科や整骨院で応急手当をしてもらったこともありますが、次の日も舞台があります。痛みがあっても昼の部、夜の部、合わせて8時間は舞台に立たなければなりません。

舞台女優というのは、大変な肉体労働です。みなさんの想像以上に、身体を使う仕事です。特に時代物では実年齢と離れた若い娘を演じることが少なくありません。そんなときにはふだん以上に、足に負担がかかります。

芝居の中で正座して何か言った後、呼ばれてひょい、と立ち上がる。そんなとき、美しい動きで立ち上がらないと、若さが出せません。手をついたり、どっこいしょ、と立ち上がったら、10代の小娘には見えませんもの。

その上舞台は今は板張りではなく、リノリューム？が多いのですが、真冬の公演などは、けっこう冷えるのです。私は山本周五郎作品の『おせん』のような、江戸の下町の女をよく演じていましたが、そういう役では足袋なんて履けません。土間にござを敷いた舞台の上を、素足で、若い娘になりきって走り回っていると、いつのまにか足腰に負担がかかっているのです。

手術への覚悟

「この痛みは今までとは違う、ちょっとイヤだな」

と最初に感じたのは、1994年ごろのこと。『おしま』という芝居のときでした。その中で、私が階段を駆け上がり、ふすまを開け、部屋に入ってくるという設定なのですが、そこにトントントントントン、と階段を昇る音が聞こえたら、もっと臨場感が出るな、と急に思いついたんです。普通はそういった擬音は専門の音声さんが出すのですが、なにしろ急な思いつき。私は毎日、客席に聞こえるように舞台の裏でトントントンと足踏みしてから襖を開け、部屋に入っていました。

ところがある日、突然足首に痛みが走りました。そういう動きが一番よくないんだそうです。後から聞きました。トントンは止めましたが、それでも少しずつ、その痛みが強くなっていきました。

足首が痛いと、それをかばうように動くので、だんだん腰にも響きます。それでも舞台は毎日ありますから、休むわけにはいきません。痛みを隠して演じても、終演後には氷水を張ったバケツに両足を突っ込んでアイシングをするようになりました。それでも痛みは、ひどくなるばかりだったのです。

海を越えて名医探し

そんな状態が続いたあるとき、雑誌の撮影のお仕事をしていたら、スタッフのひとりが驚いたように言うのです。

「幸代さん、足首の形がヘンです！」

足首が腫れて、太くなって、なんだか妙な形になっていました。私は自分では気がついていなかったのです。それもあんまりだと思いますけど。でも、そのころから足首の変形が進み、痛みも我慢の限界を超えていました。

整形外科で詳しく調べてもらうと、関節の骨が変形して、足首の関節にある軟骨がすり減っていることがわかりました。痛みはそのせいだったのです。そしてこの症状を治すためには、足首の関節を固定する手術をするしか、方法がないと言われました。でも、足首を直角に固定してしまったら、もうハイヒールも草履も履けなくなります。当時まだ私は50代。まだまだ、やりたい仕事はいっぱいあります。女優の仕事を諦めるわけにはいきません。あちこちのお医者さまに診ていただきました。日本国内だけでも、9ヶ所は病院を回ったと思います。

活路を求めて、アメリカの病院にも3カ所行きました。スポーツ選手の怪我を専門とする有名な医師にも、診察を受けました。するとそのお医者さまはこうおっしゃるのです。

「大丈夫、手術すればあなたの未来は明るい」

太鼓判を押され、早速手術の日程を決めました。

アメリカの病院では、手術とリハビリは同じ病院内ではできません。手術を終えると、病院から出されてしまうんです。そこで手術後のリハビリのために滞在する部屋も契約して、準備万端整えて、一旦帰国しました。

ちょうどそのころ共演させていただいていた山田五十鈴先生に、この公演後に手術を控えている話をしました。山田先生も一時期膝を痛めて、手術をされたことがあったからです。すると先生は、「ちょっと待って。私の紹介するお医者さまに一度診てもらったら？」とおっしゃいました。

「いずれにしても手術するなら、焦らないで」と。

早速その先生に診ていただくと、「アメリカはみんな自立精神が旺盛だから、何かあるとすぐに手術して、なんとかしようとするのです。でも現段階では、まだ手術する必要はないでしょう」とのこと。急遽予定を変更して、アメリカでの手術はキャンセル。痛む足を抱えながらも、より確実に「元に戻る」ための方法を探すために、妥協はしませんでした。

痛みは胸にしまって

それから10年余、痛みと付き合いながら舞台にテレビに出演、なんとか持ちこたえました。

帝国劇場の『ヨコハマ物語』（1996）、アートスフィア（現・天王洲 銀河劇場）の『マディソン郡の橋』（1999）、芸術座の『プワゾンの匂う女』（2004）などなど、仕事は次々にいただけましたし、元気に演じることができました。私がそんな痛みを抱えているとは、近くにいらした方々も気がつかなかったと思います。

足のことは、ごく一部の関係者以外、誰にも言わなかったのです。だって、この女優は足が痛いと知ったら、相手役の方はお芝居がしづらくなるでしょうし、余計な気遣いをさせてしまいます。舞台を見ているお客さまにも、そんなイメージがあったら芝居を見る邪魔になります。

ひとたび舞台に上がれば、足が痛かろうが、何があっても、役になりきってやらなくちゃならない。女優の宿命です。お客さまは何百人も見に来てくださる。その舞台に関連して働いている方も、大勢いらっしゃる。私ひとりが倒れたら、みなさんに、ご迷惑をかけることになります。そんなこと、できるはずがありません。

後に手術を受ける前に、手術の前後を比較するためでしょうか、私が歩く姿をビデオに撮りたいとお医者さまがおっしゃって、歩いてお見せしたら、「え！ そんなに歩けるんですか?」って。

「女優って我慢強いんだね」ってお医者さま達が驚いていらっしゃいました。

2010年、舞台『ジョン・ガブリエルと呼ばれた男』の公演を終えたとき、主演の仲代達矢さんに「この後はどんな仕事するの?」と聞かれて、

「私明日から入院します。足を手術するんです」

って、言ったときには仲代さん、心底びっくりなさってました。

たぶん、私の足の痛みは、うまくカバーできていたのでしょうね。

でも実は、そのひとつ前の舞台、『あかね雲』の公演ではすでに、ギリギリの状態になっていました。出の花道まで車椅子で移動し、そこから走り出ていたくらいです。

そのころは座っても立っても、寝ていても痛かったのです。

そんな状態で、仲代さんとの舞台はなぜ大丈夫だったのか。不思議でしょう?

何よりも、まだ舞台に出る前からファンであり、尊敬している仲代さんとの芝居だからがんばれた、というのはあります。ご一緒していて、芝居はもちろんのこと、仲代さんの若さに圧倒される思いでした。私には馴れないイプセンの翻訳ものでしたか

仲代達矢さんと。『ジョン・ガブリエルと呼ばれた男』 ©メジャーリーグ

ら、難しくて、無我夢中でした。

それに、洋物だったらできると思いました。和服で座ったり立ったりする時代物は足・腰に負担がくるけど、洋服で椅子に座ったり立ったりする分には、問題ない。ハイヒールはつらいので、靴の前方にも2センチほどの高さをつけ、前後の高さの差を減らすように、事前に知り合いの靴屋さんにお願いして特注で靴を作ってしのぎました。

その時点で私は、いよいよ「手術をしよう」と覚悟を決めました。

私には、「できることなら死ぬまで舞台に立ち続けたい」という思いがあります。どんなお役をいただいても期待に応えられる自分でいたいから、ちゃんと動ける身体に、今のうちに治しておこうと思ったのです。

計21時間の大手術

手術は、4月に右足首を、そして1ヶ月おいて5月に左足首をお願いしました。

「先に手術した足が完治してから次を……」なんて、悠長なことは考えませんでした。休むのが長くなればなるほど、仕事に差し支えます。

手術が失敗したら、とか、このまま歩けなくなったら、とか、頭をかすめることはありましたけれど、マイナス要素は考えない性分です。「絶対に治す」「絶対舞台に復帰する」と心に決めて、手術に臨みました。

それにしても、医学の進歩は素晴らしいですね。最初の手術を断念してから約十年、その間に整形外科の技術は素晴らしい進歩を遂げていました。以前は〝これしかありません〟とワンパターンの手術しかなかったのが、今回は3通りの手術方法を提示され、私はその中からひとつを選びました。彎曲した足首の骨をまっすぐにするため、腸骨を足首に移植するというものです。

私は担当医師に、こうお願いしました。

「私はまだまだ、舞台に立ちたいんです。そのためにはハイヒールも履かなきゃなりません。それができる足にしてください！」

するとと私の手術を担当してくださった医師は、

「大丈夫ですよ。10年前のあなたの足に戻してあげます」と大きくうなずいてくださったのです。

まず11時間。痛みの酷いほうの右足から先に手術。ひと月後に左足を手術。今度は10時間。合わせて21時間かけての手術でした。それからしばらくの間、骨が癒合するまで、足を固定しておかなければなりません。途中から車椅子に乗れるようになったものの、入院生活は5ヶ月にわたりました。

退院して、自宅に戻ってからも、ひと月ほどは車椅子生活でした。半年も使っていなかった足は、筋肉がすっかり落ちて、どこかにつかまらなければ立つことも覚束《おぼつか》ないほどでした。まずは松葉杖か歩行器です。家の中であちこちつかまりながら、よろよろと歩き始めて。ここから私のリハビリ生活が始まったのです。

自力でリハビリ

手術して思ったのは、長年ジムで身体を鍛えておいて良かった、ということです。私は、太りやすい体質で、10代の『バス通り裏』のころから、全身を映されるとコロコロした後ろ姿の自分がいて、〝これ、誰のお尻？〟ってびっくりしたほどです。モデル並みにスリムなスターさんが多い今と違って、当時の青春スタアはみんな、ピチピチの健康体。ですから、私のコロコロボディもさほど気にならなかったのです。でも、30代ともなると、ぽっこりお腹や二重顎が目立ってきて。これは痩せなきゃ、と一念発起。スポーツジムに通い始めたのです。ええ、当時恋してたあの人に教えてもらった女性専用のジムに、長年通っていたので、運動は習慣になっていました。

ですから、同年代の方の中では、筋肉があったようです。リハビリする段階になってからも、その筋肉に助けられました。もちろん術後ずっとベッドの上でしたから、足の筋肉はすっかり落ちています。でも上半身は動かせるので、比較的早くから自力でベッドから車椅子に移ることもできたし、トイレにも自分で行っていました。

「もうそんなことしてるんですか！」って、お医者さまには叱られましたけどね。

年を取ってからの手術って、実際、怖いし心配です。長く寝込んでいる間に自力歩行に戻れなくなってしまうことが多いそうです。私の受けた手術も、実は年齢制限があって、私はギリギリ、いえ、実はちょっとオーバーしていたみたいです。でも、「十朱さんなら大丈夫でしょう」って、先生が言ってくださいました。それも筋肉貯金のおかげかしら。

リハビリは、退院する前に病院で、ある程度やり方を教えてもらえるものと思っていたのですが、指導はありませんでした。そこで自分なりに考えたのが、水中ウォーキング。以前から通っていたスポーツクラブにプールがあるので、プールの中をひたすら歩くことにしました。

そのジムのプールは、地下2階にあります。でもエレベーターはありません。ですから更衣室で水着に着替えてから階段を一段一段、手すりにつかまりながら降りました。最初は階段を降りるだけでも、怖くて緊張しました。

水の中に入ると身体が浮き、体重が軽くなって足首への負担が軽減されます。さらに浮力ベルトを巻きつけて、より体重を減らし、ゆっくりゆっくり歩きました。早く回復したいから、ジムには毎日通いたいところですが、お医者さまは私のこういう性格を見越していたのでしょうね。「リハビリはやりすぎないようにしてくださ い」と釘を刺されていました。ですからゆっくり、ゆっくり、でした。薄皮をはぐように少しずつ良くなって、手術の1年後には、ふつうに歩けるようになっていました。

第七章

孤独と自由を愛して

私の人生、女優を始めてからずっと、
忙しかったように思います。
でも、不満はありませんでした。
むしろ60代以降、自分の時間が持てるようになると、
とまどってしまいました。
以前ほど忙しくなくなってみると、
空いた時間に何をすればいいのか、わからないのです。
「みんなはいったいどうしているの？」
と思いました。

仕事に復帰

足の手術後、仕事に復帰したのは２０１１年。

復帰後初の現場は、ＮＨＫ朝の連続テレビ小説『カーネーション』でした。ヒロインの母方の祖母役です。神戸にあるお屋敷の中でのシーンが主でしたから、ほぼ椅子に座ったままでいい、という願ってもないお話でした。少ない出番でしたが、仕事ができることのありがたさが身に沁みてうれしかったのでした。

次は三越劇場で10日間ほど『姑は推理作家』という舞台に出たのですが、そのときはまだちょっと、思い通りに動けてはいませんでした。だってせっかくの喜劇なのに、身体を機敏に動かすことができないんですから。悔しい思いをしました。

その舞台を病院でお世話になった先生やスタッフの方々がご観劇くださいました。フィナーレで私が小走りになったのをご覧になって、先生たちがとても喜んでくださいました。確かに手術から1年ちょっとで、これだけの進歩です。手術大成功で、本当に感謝でした。

『カーネーション』の主人公、糸子の祖母役で現場復帰　©NHK・2011

車椅子のキャサリン・ヘプバーン

その翌年、2012年には、初めてのひとり芝居に挑戦しました。大好きな女優、キャサリン・ヘプバーンの生涯を描いた『キャサリン・ヘプバーン　夢の請負人～五時のお茶～』です。

キャサリン・ヘプバーンといえば、昔からファン、大好きな女優です。『旅情』（1955）から『冬のライオン』（1968）『黄昏』（1981）など、彼女が出演した作品はほとんど見ていますし、自伝の『Me』をはじめ、彼女に関する本も読んでいます。その彼女を演じる企画と聞いて、私にお話が来たこと自体、驚きました。私とはまったくタイプの違う女優だと思っていましたから。

キャサリンは、生き方そのものがカッコイイ女性です。男勝りの、自立した女性。医者のお父さんと社会運動家のお母さんに、厳格かつ自由に育てられて、もちまえの知性を生かして自分らしさを発揮していました。ハリウッドの女優では、初めてボーイッシュなパンツスタイルで公の席に出た女性と聞いています。

スポーツも万能で、泳ぎはプロ並み。たしか、溺れている人を助けたエピソードもあったと思います。恋も多かったようですが、最後に愛したのは名優スペンサー・トレイシー。彼には妻がいたけれど、20年以上も愛し続けて。彼が亡くなったときは、彼のお葬式には列席しなかった。

それでも最後まで彼女は、自分の流儀を押し通す、強さを持っていました。

脚本を読んでいると次第に、畏《おそ》れ多いことですが、キャサリン・ヘプバーンはどこか私と似ているような気がしてきました。もちろん彼女はハリウッドの大女優で、私とはまったくスケールが違います。でも彼女の物語を追っていくと〝ああ、わかるわかる〟と共感してしまうのです。

男尊女卑の社会の中で悔しい思いをして、それでも女優という仕事に魅せられて。傷つくまいとしながら、余計に傷ついて。さらに晩年には、あれほどの大女優でもやっぱり「仕事が欲しい」と述懐している。誠実で、賢くて、チャーミングで、強くて。当時のアメリカ人の誰もが愛して尊敬の思いを抱いていた女優、というのがたしかにうなずけます。

もともとこの作品は、オフ・ブロードウェイで大変評価されたものです。この物

演じながら共感！『キャサリン・ヘプバーン 夢の請負人〜五時のお茶〜』©芸能座

語の後半、足を怪我したキャサリンは、松葉杖をついて登場する、と台本にありました。でも、ここで私、演出家の鵜山仁さんに提案しました。

「車椅子ではどうですか？」

アメリカの広い家の中なら、車椅子もありえるし、松葉杖では少し時代がかって見える気がしました。なにしろ私はその少し前まで車椅子で暮らしていましたから、車椅子の操作はお手のもの。得意中の得意です。松葉杖よりスピーディに、大胆な動きができて、効果的なはずです。私の提案が取り入れられて、この公演の2幕目では、キャサリン・ヘプバーンは車椅子で登場することになりました。

おかげさまで舞台は大成功。ご覧いただいた方はみんな、とても喜んでくださいました。舞台を自在に動きまわる車椅子さばきに驚いていただいたのはもちろんですが、孤独と向き合う大人の女の姿に、共感していただけたのではないかと思います。

そして5年後の2017年には、この作品を再演することができたのです。これは本当に本当に、うれしかった。機会があったら、また時間を置いて再演して、みなさんに見ていただきたい。心からそう思える舞台です。

朗読劇の醍醐味

その翌年には、また新たな挑戦をすることになりました。朗読劇です。

実は私、最初はあまり乗り気ではありませんでした。朗読劇って、なんだか難しそうだし、わざわざお出かけいただいたお客さまにご満足いただけるのかしら？　と。ところが、これはこれでとても面白いものだということにやってみて気がつきました。

『燃えよ剣～土方歳三に愛された女、お雪～』という作品で、私は「お雪」役なのですが、なにしろはじめから終わりまで、出演者は私ひとり。すべての時間も空間も、私が独り占めです。お客さまの視線は常に私に向けられているので、ちょっとした表情、目の動き、息づかいまで感じ取ってくださる。ときには胸の奥の奥まで伝わっているような気がします。

どうやってお客さまを物語の中に引き入れるか、どのタイミングで盛り上げていくか、舞台そのものを作り上げていくのも、私ひとりです。そして演じるたびに、自分自身もどんどん変わっていき、成長しているような、作品と一緒に自分もその世界で息づいていると感じる事があります。それはもう、ワクワクします。

〝朗読〟の可能性に目覚めた『燃えよ剣〜 土方歳三に愛された女、お雪〜』©りゅ〜とぴあ

この作品は司馬遼太郎さんの『燃えよ剣』を下敷きに、土方歳三を愛した女、お雪の視点で作られています。お雪は架空の女性なのですが、司馬遼太郎さんが土方を愛するあまり、こういう素敵な女性を彼にプレゼントしたのではないか、と。プロデューサーの方のその言葉に惹かれて、やらせていただくことにしました。

この舞台の唯一のパートナー、宮川彬良さんが、それは見事な曲を書いてくださっていて、自ら演奏してくださいます。その彼のピアノがまた、お雪の心理にぴったり寄り添い、お互いの呼吸が合うほどに、うれしくなってしまいます。

お雪はあんな波乱に満ちた時代に、はちゃめちゃなことをする土方と、正面から対峙できる自立した女。私は、凛とした大人の女性を作り上げたつもりでしたが、どうも私がやると、どこか可愛さが強く出てしまうようで……。そのあたりはまだ課題です。次の機会には、その辺をもっと磨いて、ヤンチャな弟を諭す姉のような、大きな愛で捉えてみたいと思っています。

それから、この作品には、ちょっと色っぽいシーンもあります。どこまでやっていいものか、最初は迷いましたけれど……。意外に「すごいね」なんて言われたりもします。朗読劇ならこういう場面も、お相手がいるわけではないので、その点は自由にできるわけです。

不器用な芝居が好き

こんなふうに10年、20年、30年とやってきました。そして気づいたら60年！　でもこの仕事は、これで卒業ということはありません。芝居って、エモーショナルな部分が多いから、満足しちゃったらオシマイ、と思います。

近年考えるのは、私は「芝居っぽい芝居」は好きじゃないんだな、ということ。

時々、ドラマでも映画でも、不器用な俳優さんのほうが魅力的に見えること、ありませんか？　器用になんでもこなす俳優さんよりも、どこか武骨で、たどたどしくても、だからこそ人の良さや純粋さが伝わってくるお芝居。いいですね。好きですね。

私は演じる側の人間だから、他の人の演技を見ていても、この人の本質は何だろう？　この人の素の、演じていないところはどうなのだろう？って、そんなところを見てしまいます。そして、作り方があまりにあざとく見えると、引いてしまうんです。

やっぱり同業だから、でしょうか。

人の心を動かす「良い演技」というのは、その人物の心情と一体になって伝わっていくものじゃないかと思います。表面的にテクニックがうまい、器用な巧《うま》さというのは、人の心を揺さぶることはできませんよね。ですから私自身も、器用なだけでとどまりたくありません。私の本質とその役がぴたり、重なったときに初めて、感動を呼ぶんじゃないかと思うんです。台詞の言い回しや表情よりも、無器用でいいから、大事にしなくちゃいけないものを私は探しています。

女優が、私生活で哀しくて涙を流したときに、はっと気づいて、自分の顔を鏡に映す。「本当に哀しいときに、人はこういう顔で泣くのね」と、実体験を演技に生かそうとする、なんて話があります。

でも私はそんなことしなくてもいいと思っていますし、しようと思ったこともありません。だって、自分の中から湧きあがる気持ちを大事にしたほうがいいからです。

まあ、それにそんなにいちいち自分の顔を気にするような「美人女優」でもありませんし、ね。

捨てながら前に進む

これまで、たくさんの仕事をやっていますけど、私は、終わってしまうとその役のことは、忘れてしまいます。忘れるようにしています。

繰り返し思い出していては、先に進みません。だから、捨ててしまいます。

よく「一番好きな役は？」なんて聞かれることがありますが、どれが好きとか、どれがどうだったとか、後で語るのは、意味がないような気がします。

「では、どういう役が好きなの？　どんな役がやりたいの？」って質問なら答えられそうです。

……そう、昔見たイタリア映画『道』（1954、日本公開は1957）。男はたしかアンソニー・クインが演じ、女はジュリエッタ・マシーナ。うろ覚えですが、ふたりは夫婦でも恋人でもなく、馬車で旅をする生活です。そう、娘の名はジェルソミーナ。貧しくてつらい生活。でも、彼女には彼しかいないのです。酒飲みの彼の機嫌次第で幸せだったり、ひどいめにあわされたり……。それでもジェルソミーナは、泣いたり笑ったりしながら彼を追いかけ、彼についていくんです。報われることは少ないのに、彼を愛しているんです。そういう一途さを、演ってみたいですね。切なく哀しい女。それとは真逆で、小股の切れ上がった女。……形容が古すぎますね。切れ味のいい刃物のような小気味良い女はどうかしら？　しかもオッチョコチョイでヘマばかりの笑える日常で、いざスイッチが入ると豹変。並外れた力を出す。

例えば、スパイダーマン女版！

いいえ、無理です！　ビルからビルへは飛べませんから！

でも、舞台、テレビ、映画。これから先どんなお役がいただけるのかが楽しみです。

といっても今75歳ですから、理想と現実は大きな開きがありますね。

上下10歳前後はまだいけると思ってますが……。

それでもどんなときも、いつ、どういうお役をいただいてもできるように、できるかぎり健康面だけは、整えておこうと思っています。

みんな、また「ひとり」

こうして振り返ってみると私の人生、女優を始めてからずっと、忙しかったように思います。でも、不満はありませんでした。女優なんて忙しくて当たり前、と思っていましたから。ようやく、少しずつ自分だけの時間を持てるようになったのは、60代以降です。

でもそうなると今度は、とまどってしまいました。〝どうすればいいんだろう？〟って。それまでは、仕事に追われていました。仕事以外の時間にも、次の舞台の準備やら何やら、するべきことがありました。でも以前ほど忙しくなくなってみると、この空いた時間に何をすればいいのか、わからなかったのです。〝みんなは、いったいどうしているの？〟って、思いました。

そんなときに一緒に過ごしてくれるようになったのが、学生時代の友人たちです。私は文化学院という高校に入ったのですが、ほぼ同時に『バス通り裏』が始まってしまったので、ほとんど通学するヒマもなく1年生で中途退学してしまいました。でもそのころの学友たちとは、何かしら縁があったのですね。今では時おり会っておしゃべりしたり、お家のパーティに呼んでいただいたり。楽しい時間を過ごせるようになりました。

みんなも、結婚したり出産したりでずっと忙しかったでしょうけれど、もうこの年齢になると、家に縛られることもないようです。仕事を持った方たちも、定年を迎えています。お子さんたちは大人になっているし、ご主人もリタイアされて余裕ができたのでしょう。中にはご主人に先立たれた方も、いらっしゃいます。10代のころの友だちと、ウン十年を経た今、また友だち付き合いのできる関係になるなんて。意外な成り行きに驚いています。

噂話のヒロイン

私に「十朱幸代死亡説」を教えてくれたのも、この学生時代のお友だちでした。

さすがにこの「死亡説」には驚きましたが、長年この業界にいると、あることないこと言われます。いろいろな方と、まったくご縁がなくても『熱愛中！』などと、さまざまな週刊誌、スポーツ紙に書き立てられてきましたから、そういうことに慣れてしまったのでしょうか。今さら怒る気持ちにもなりません。

書き立てられたとき、一番いいのは、無関心でいること。無視することです。そんなスタンスが、身についてしまったのかもしれませんね。ネット社会になった今も、同じじゃないでしょうか。

それにしても、50代になっても60代になっても、70代の今になっても、何かと噂を立てていただけるなんて。しかもお相手は、かなり年下の男性ばかりです。うれしいを通り越して、呆れてしまいます。

もちろんみなさん、素敵な方たちばかりですけれど、これまで長い間に噂にのぼった方々の中には、全然、私の趣味じゃない人もいらっしゃいましたし、先方もそうではないかと思うと申し訳ないです。個人的にはご縁がなくて、お茶を飲んだことすらない方もいれば、確かに仲はいいけれど、単なるゴルフ仲間の男性もいました。

何を言われようと、もちろんいつものやり方、無関心と無視、でやり過ごしましたけれど、ここで申し上げておきますね。ほぼどれも、デタラメです。

バラエティ番組などでは、場を盛り上げるために、「若い男性が気にいっている」という演出も受け入れてきましたけれど、それだって、女優のお仕事の一環です。女優に騙されては、いけませんよ。

そうそう、『十朱幸代ただ今婚活中！』というものもネットで流れていたと聞いています。それは私がマツコ・デラックスさんの番組に出演したときの発言が元だとか。そのとき私、自分が以前より時間的に余裕ができた、ヒマになったということをお話ししたかったんです。

「若いころは仕事で忙しくて、自分のことに夢中で、時間的にも精神的にも余裕がなかったので、結婚する余裕もありませんでした。今のように余裕がある状態なら、結婚もできるのですけれど。でも今は相手もいませんし、ね」

と。でも、さすがマツコさんで、面白いお顔のリアクションをなさって「奥さんに先立たれた男性はどう？」「30代や40代でも行けるんじゃない？」という婚活めいた話に持っていかれただけ。

正直申し上げて、今さら結婚する気はないの。ないわよ。

だってもうこの年齢になると、自分のことで精一杯。相手をお世話する余裕なんて、ありませんもの。

まあでも、恋くらいなら、してもいいかな？　したいなあ！

ただ、以前みたいな、心を揺さぶられるような瞬間は、もうここ何年も、体験していません。わーっと泣いたり、どうしていいのかわからないくらい気持ちが高揚してハイテンションになったり……。そういう心の動きは、もうなくなってしまって久しいから。

せめて、映画やテレビに出てくる中ででも「……なんて素敵なの‼」って釘づけになる人、見つけなきゃ！

愛するきらら

ですが、今も私には、心から愛する対象がいるんです。とても身近に。

今、私が熱愛中なのは、きらら。私の犬、4歳の豆柴です。

犬らしい犬が好きで、しかも和犬が好きです。表情がわかりやすくて、忠誠心も強いし、ちゃんと信頼関係ができるんです。

このきららの前にも、ふつうサイズの柴犬を飼っていたのですが、前の犬を亡くしたときは、もう犬は飼えないと諦めていました。でも、そんな私に「もう一度飼ったら？　飼いきれなくなったら私が引き取るから」と姪が勧めてくれました。その姪のおかげで出会ったのがきららです。

きららは私にとっては初めての雌犬です。利口だし、おとなしいし、教えたことは一回で覚えるし、飼いやすい犬ですね。

名前をつけるときは、ちょっと悩みました。どんな名前にしようか、考えているとき、ニュースにノーベル平和賞をとったマララさんが出ていたんです。可愛い素敵な名前だな、と思って、ちょっと変えて「きらら」にしました。

ふと見ると、可愛い格好で寝ていて。思わず笑ってしまいます。走っている夢でも見ているのか、ときどき足を動かしながら寝ているんです。美味しいものでも食べているのか、口をもぐもぐしたり、結構大きな声で寝言も聞いたりします。独り身の私にとっては、きららはまるで私の子どもです。でもきららの方は母性が豊かで、自分が母親のつもりで、いつも私をペロペロとなめてくれます。

飼いきれなくなったら引き取る、と言ってくれた姪が、あっという間に結婚して遠くへ引っ越してしまいましたので、きららのことは、私が最後まで面倒見なければなりません。「あと10年は元気でいなくちゃ」って、思っています。
きららのおかげで長生きできそうです。

枯れない映画愛

今も、映画は好きで、よく映画館にひとりで出かけます。思い立ったときに、さっと出かけてさーっと見て帰れるから、ひとりが気楽でいいんです。

とはいえ、最近多い近未来ものは苦手ですし、戦争ものは恐くて、心が苦しくなったり哀しくなるばかりなので、気が進みません。やはり人生ドラマと呼べるようなものが好きですね。

今年見て印象に残っているのは、クリント・イーストウッドの『15時17分、パリ行き』(2018)。クリント・イーストウッドの監督作品は、ほとんどハズレがないと思います。あとはディズニー映画ですけれど、『リメンバー・ミー』(2017、日本公開は2018)。私、映画を見て涙を流すことはあまりないのですが、私の周りには亡くなってしまった人が多いので、つい。しかも音楽が素晴らしくて、泣けました。

とってもお利口なきらら。愛してやまない家族です

『しあわせの絵の具　愛を描く人　モード・ルイス』（２０１６、日本公開は２０１８）という映画も、いい映画でしたね。主演のサリー・ホーキンスという女優がなんともたまらなくいいいんです。そう、彼女は『シェイプ・オブ・ウォーター』（２０１７、日本公開は２０１８）でも主演してましたね。アカデミー賞主演女優賞にノミネートされて、受賞はしなかったけど、作品賞に輝きましたね。こちらの映画でも見応えがありました。この女優、魅力的。以降追っかけをするつもりです。

映画情報は、新聞とか雑誌を見て仕入れています。ネットじゃないのです、これが。あと、周りにいる人や、出会った人と映画のお話をして、その人が「これはいいですよ」と勧めて下さると、すぐに観に行きます。

マメだって言われることもあるけど、だってそうしないと、せっかくの自由がもったいないと思うんです。楽しい時間は、自分から求めないと、向こうからはなかなか来てくれませんもの。

読書とテレビ

本を読むのも、好きです。と言っても乱読、読み方はめちゃめちゃなんですけれど。情報源はやはり、新聞の書評ですね。これが読みたい、と思うと、ネットで注文します。

一時期は、歴史物にハマりました。仕事でよく演じた山本周五郎さんや、司馬遼太郎さん、先日お亡くなりになった葉室麟さんのものも好きですね。歴史の渦の中で人間がどう生きたか、どんな女性がどう生き抜いたのかが、描かれているものが大好きです。秀吉とか信長も、切り取り方次第でいろいろな人間に見えますものね。ああ、こんな視点があったのか、こういう解釈もできるのかと、読みながらワクワクします。

新しいものも読みます。話題作は一応、目を通しますね。そんな中で最近は、佐々木譲さんの警察物なんかも読んでます。ちょっと面白いと思うと、その作家のものは順々に、読んでみたくなるのです。

寝る前にベッドで読む時間が大好きだったのですが、寝ながら読むのは目に悪いと聞いて、最近はやめました。寝る前のクリームを塗って、鏡台の、一番明るい照明の前で、本を開きます。机まで行くのも面倒なので……。だんだん眠くなって、ギリギリまで読んで、ここまで、というところでベッドにするっと入り込む。

でもね、最近、活字を読むとすぐに眠くなってしまうの。どうしてでしょうね。

なのに、寝る間際になってテレビのスターチャンネルをつけてしまうと、もう、映画を見ずにはいられない。一度見たものでもずっとテレビの前にいることになります。そうなると朝はきららの散歩で5時半起きですから、睡眠時間はちょっと足りなくなります。

ですからテレビは極力9時半くらいに消して、あれこれしてから11時には寝るのが理想なんですけど……。ふだんはそんな毎日の繰り返しです。

つるバラの庭

今、私の家の庭にはつるバラの生垣があります。少し黄味がかった白の小花です。バラを始めたのは、ちょっとしたきっかけからでした。楽屋見舞いにお花をたくさんいただくことが多いのですが、その中に、鉢に植えられた白のつるバラがありました。

私はお花が大好きで我が家の玄関は真夏でも生の花を私が自己流に生けて、ほとんど切らしたことはありません。中でも特別に、白い花が好きです。白バラ、カサブランカ、マーガレット。

いただいた白いつるバラも楽しませていただきましたが、花が終わり、植木鉢のまま庭に置いたきり、忘れていました。するとある日気がついたら、その植木鉢の下から根がぐんぐん伸びて、しっかりと庭に根付いていたんです。

あわててその鉢を壊して、盛り土しました。植物の生命力ってすごいものですね。

白だけでは寂しいので、淡いピンクのつるバラを買い、となりに植えました。淡ピンクのバラを植えてから、早10年は経ちます。白バラはおよそ20年になります。

たった2本きりのバラが、今や我が家の庭をぐるりと回って、花時は、それは見事で、ちょっと自慢したくなります。

庭の真ん中にはグミの木があります。そこには以前はしだれ桜があって、濃すぎず薄すぎずちょうどいい桜色で、春の楽しみだったのですが、花の数がだんだん減り、とうとう寿命を迎えてしまいました。近所の神社の神主さんをお呼びしてお祓いをし

バラでいっぱいになる、5月の庭。手入れは大変ですが、ちょっと自慢です

ていただき、木を切ったその後に、何を植えようか考えて、グミの木にしました。幼いときにご近所の家の庭の、グミの木に登って実をほおばったのを思い出したんです。今はまだ私の背くらいの高さですが、今年はたくさん赤い実をつけました。小さい細長いサクランボみたいな、可愛い赤い実です。そしてその実を食べに、どこかから鳥が飛んでくるようになって、またひとつ楽しみが増えました。

始めてみると、ガーデニングも楽しいですね。つるバラは本当に手がかかって、大変なのですが、毎朝庭に出て様子を見るのが、習慣になってしまいました。今朝も、風通しを良くするためにいらない枝を切ってきました。花が終わると、枝を切ったり、フェンスに引っ張って留めたり、けっこうな労働です。時には植木屋さんにも来ていただいているのですが、やはりふだんから手を入れておかないと、お庭はきれいに保てません。

朝は6時前に目を覚まして、まずは犬の散歩に出かけます。日焼けしたら大変なので、帽子をかぶってサングラスをして、重装備です。戻ると、玄関まわりの掃除。誰も掃いてくれないから、御近所さんの迷惑にならないように、家の前も自分で掃いてきれいにします。それからきらきらのブラッシングをして、庭の雑草を取ったり……。けっこう朝から、忙しいんです。女優は忙しいものだと思っていましたけれど、女優をしていなくても忙しい。

でも……。忙しいって、幸せなことですね。

食べるのは、身体にいいものだけ

健康を意識して食べることは、ずっと続けています。

20代から30代のころから、太ってしょうがない時があって、食事の後すぐ歯を磨くようにしました。そうすると、間食しなくなるんです。でもその習慣を続けるのは、ロケ先では大変でした。

時代劇の撮影の場合、電柱が映り込むのを避けて近代的なものがいっさいない山奥で撮影することが多いんですが、そうなるとお水はほんの少しの飲み水しか用意されません。あとは食事用のお茶だけで、それを節約して歯磨き後のうがいをしたりしました。すぐ歯を磨く習慣を今も続けているので、今の体型はそれが少しは効いているのかなって思います。体重も昔とそれほど変わらないです。そのうえ、相乗効果で歯も歯茎も丈夫です。80代で20本自分の歯がある人は百人にひとり、と聞いていますが、私この分だと百人の一人に入る可能性大です。がんばろーっと。

今はおかげさまで健康です。おいしいものは大好きなので、食べたいだけ食べていたらどんどん太めになりそうで、食べ物に関しては、自制が必要。今、私が食べているのは、身体にいいものが中心です。健康を保つために必要と思われるものを、適当な量だけ、いただくようにしています。今はほぼ、1日2食ですね。

朝は、ゆで卵を1個。クルミなどのナッツ類とバナナにヨーグルトをかけて、きなことシナモンもプラスします。そこにアミノ酸パウダーを適宜混ぜ、ハチミツをたっぷりかけて、ハチミツ漬けにしてある干しぶどうを10粒くらい、パラパラとちらします。あとは大好きなチーズ、そしてその時期の季節の果物を少しずつ3、4種類。前夜のおかずの残りものも、朝いただきます。食べないとなくならないので。それだけでもう、お腹《なか》いっぱいになります。

お昼は、ひとりでいるときは食べません。2時か3時にお茶を飲むことにしている

ある日の朝食

のですが、そのときに甘いものを、いただきます。最近どうもこれだけは我慢できなくなってしまって……。

夜は、まずは海藻と野菜から。あとは肉を焼いたりお魚を焼いたり、そして必ず、納豆かお豆腐のどちらかをいただきます。

あ、それから牛乳も毎日、1杯飲むようにしています。お酒は、このごろは昔ほど飲まなくなりました。手術してからは、せっかく治した足を酔って転んだりして傷めてはいけない、と思って。私はもともとお酒に強くて、全部消化しちゃうらしいのです。なので、二日酔いというものを知りません。でも最近は控えています。ただ、かなり飲んできたわりには肝臓は丈夫です。

実はつい最近まで、炭水化物ダイエットをやっていたんです。ご飯をまったく食べないという、あれです。でもたまたまテレビで、炭水化物を抜いていると急激に老ける、という研究結果を放映していたの。マウスが3匹いて、1匹は和風の食事、1匹は洋風の食事、もう1匹は炭水化物抜きの食で実験してみたら、炭水化物抜きのマウスだけ、毛並みがバサバサと悪くて。それを見てから私、ご飯を食べ始めました。それも玄米入りにしています。

ビタミン剤も昔は、毎日山盛り飲んでいたのですけれど、飲みすぎは肝臓に悪いと聞いて、辞めてしまいました。今は3種類くらいを、続けています。

結局、健康オタクなのでしょうね。

それにしても健康についてや、身体に良い食べ物についての常識はすぐ変わってしまいますよね。日々更新されますから、常に情報はチェックしています。ですから、詳しいですよ。これがいい、と聞くと、とりあえずは試してみます。やって、合わないときはすぐに撤退します。合っていると思うと長く続けてることもあります。

もう10年以上続けているのが、ショウガの黒糖煮です。スライスしたショウガを、まず20分ほど煮ます。そこに黒砂糖を入れてさらに10分煮詰めます。それを冷蔵庫に入れて置いて、毎朝少しずつ、いただきます。ショウガは冷え対策にいいと聞いてから、ずっと続けています。

肌のお手入れ

「お肌はどうやってお手入れしてるんですか?」と、よく聞かれるんですけど、肌の手入れで特別なことはしていません。

一時期は、せっせとエステにも通いましたけど、全部やめてしまいました。マッサージしすぎると、お肌が垂れ下がると聞いたので。以来、マッサージはしなくなりました。

洗顔のときに、タオルで顔をゴシゴシするのもいけないんですってね。顔を水で濡らしてから、石けんを手のひらで十分に泡立てて、その泡で包み込むように洗う。そしてぬるま湯で石けん分をよく洗い流してから、タオルで押さえるようにして、軽く水気を取る。このときもゴシゴシしてはいけません。これ、全部女性誌からの受け売りです。

でも、続けていたら確かに以前より肌の状態が良くなりました。

使っている化粧品も、特別なものではありません。ちょっと大人向けの、通販のお化粧品を使っています。私にはとてもいいようです。

過去のものはもういらない

この本には、私の昔の写真もいくつか載せていますが、どの写真も、亡くなった私の母や長年お世話になった事務所が保存しておいてくれたものです。私自身がとっておいたものは一枚もありません。

実は私、少し前に大がかりな断捨離をしました。きっかけは、妹の死でした。母の遺品は私が整理しましたが、私の遺品は誰も整理する人がいません。姪っ子に迷惑かけるわけにもいきません。なので、自分で処分しようと、昔のものはほとんど、捨てました。〝過去のものはもういらない〟と、さよならしました。

長年仕事をしてきましたから、膨大な量のものがたまっていました。処分したのは、スチール写真や映画、ドラマの資料、ビデオ、そういったものすべてです。今さら引っ張り出して何かすることもないだろう、と思ったのです。ドラマや映画の台本はそれ以前に、その都度捨てていました。舞台の台本だけは、今後、再演するものもあるかもしれないので、一応取ってありますけれど。

服も、捨てました。サイズは若いころと変わっていないので、大昔のものでも着られるのですが、古いものを持っていてもやっぱり出番がないのです。毛皮もハンドバッグも、いろいろいろいろ整理しました。

そもそも、ものがあふれていたり、はみ出しているような状態は嫌いです。家の中はなるべく生活感を出したくないので、台所でも鏡台の前でも引き出しも戸棚も、ちゃんと片付けるほうです。それでも、いらないものは山ほどたまっていました。

思い切っていらないものを全部捨てたら、すっきり。せいせい。もうこの年齢になって、そんなにたくさんのものは必要ありません。ぜい肉が取れて身体が軽くなったような、そんな気分です。

最後に残るのは……

女優という仕事は、いつも変化の連続でした。作品によって職場も変われば、相棒も変わる、スタッフも変わります。ひとつの現場が終わるとまたすぐ次の現場に入って、違うメンバーと一緒に作品の完成に向けて、全力疾走する毎日が始まる。昔を振り返っている余裕なんて、まったくありませんでした。

ですから、ふつうの人よりも長い時間働いてきたように思うのですが、忙しさに追われていたせいか、大事なものをたくさんたくさん、置き忘れてきてしまったような気もします。

そして、二者択一を迫られるといつも仕事を選んできた私は、とうとう一度も結婚というものをしませんでした。自由の身でしたから、短い恋も長いお付き合いも、いろいろな恋をしましたけれど、でも、恋は終わると、何も形には残りません。結婚して家庭を持つとか、子どもを産み育てるとか、一緒に何か作るということをしないのですから、当然のことですが、何も残らないのです。

でもこれが、私が選んできた道です。今の私の姿は、私自身が選んだ結果です。

本当は、もちろん、結婚もして仕事もして、両方できたら最高でした。ちょっと良い相棒が、信頼できて尊敬もできる相棒がすぐ側にいてくれたら、良かっただろうな、とは思います。きれいな景色を見たりするときに、一緒に見て話ができたら、どんなにいいだろうとも思います。でも、私はそれを選んでこなかった。なので仕方ありません。でも十分満足です。

あとは、もうちょっと長く、充実して良い仕事をしていられれば、文句なし、最高ですね！

そう、今も、私の中に残っているのは、仕事です。過去にやり終えた仕事ではなく、未来で私が立ち向かう、これからの仕事です。

いろんな仕事をしてきて、同じような役が続くと、もっと違う役、もっと違う女を演じたいと、もがいてきました。でも、演じるといっても、私は私。そんなに大きく私自身とかけ離れることはなかったのかもしれません。

このところの映画やドラマを見ていると、昔の女優と今の女優、ちょっと違う、変わったな、と思います。私たちの時代には、演じるということは、その役になりきる、という覚悟でした。自分を殺し、個性を消して、その人に扮する、その人の身体をまるごとかぶってしまうような。

でも今の女優は、役をもっと自分にひきつけて、自分自身の個性をもアピールしているように見えます。それは日本でもハリウッドでも、世界中どこの映画を見ていても、感じられます。今は、自分というものを自信を持って前面に出すことが、大事なことなのでしょう。結婚して、出産もして、自分の人生を生きながら観客を惹きつけていくのが、今の女優なのだなと思います。

昔と今と、どちらがどう、というわけではありません。私は隠しごとが嫌いですし、同時代の他の方たちと比べたら、何もかもあけっぴろげで、どちらかというと、自分を出してきてしまったのかもしれない。でも演じる上では、自分は二の次で、役の女になろう、なりきろうとしてきました。

結局私がどんな女優だったのか、判断はみなさんにお任せするしかありませんね。ただ自分で思う事は、やっぱり十朱は十朱なんだなって、それだけです。

自由で孤独な私を楽しむ

このところ、おかげさまでテレビに出る機会が増えました。バラエティ番組やトーク番組、ドラマにも出演しています。そしてみなさんに、「年齢よりも若い」と言っていただける。ありがたいことだと思っています。

若さの秘密は？　なんてよく聞かれますけれど、やっぱり「自由だから」ですよね。

だって毎日、好きなことだけ、していますもの。

ふつうだったらパートナーがいて、その人のために何かしら我慢しなければならない。子どもがいれば、子どものために、と思うでしょうし。両親が健在なら、両親の面倒も見なければなりません。

私は独り身ですし、親兄弟がみんな先に逝《い》ってしまいましたので、誰にも気兼ねがいりません。だから思いきり自由です。そして孤独です。

孤独と自由は、背中合わせ。セットになっているんです。その現実をどう受け止めるかで、今の自分は決まるのではないかしら。

私は、とことんプラス志向です。そうしようと決めています。同じ現実でも、良いほうばかり見ています。これは、いつも明るかった母に学んだことでもあります。

毎朝起きると、さあ、今日はどんな楽しいことが待っているかしら？　と思います。過ぎたことを思うときには、楽しいこと、うれしいこと、良いことばかりをかき集めます。

悲しいこともつらいこともたくさん経験してきました。決して忘れたわけではありません。でも、とりわけそれを考えすぎることは、しないようにしてきました。それを続けてきたせいか、今では、自然と楽しいことから思い出すようになりました。

私は女優ですから、つらいことや心の葛藤は、演じればいい。演じるだけでいい。泣いたり怒ったり、悲しんだり悔やんだり、そういうネガティブな感情はお芝居で使いきる。そしてふだんの生活では明るい面だけ見て、暮らしています。

仕事も、恋人も、家族も、友だちも。その時その時で大事なものをちゃんと愛してきた。そして今も、愛し続けている。それだけは誰にも奪えない、私の中に輝き続ける大切な炎のようなもの。エネルギーの源です。

そんな「愛」に支えられながら、これからも私は、まっすぐ前を向いて、ワクワクできる次の仕事に向かって、歩いていこうと思っています。

第七章
孤独と自由を愛して

おわりに

長い間、私の心の旅にお付き合いいただいて、ありがとうございます。

少し思い出してみると、しばらくして、こんなこともあった、あんなことも……と、記憶が鮮やかに蘇ってくる。

覚えていないと思っていたことが、昨日のことのように思い出される。

昨年末に企画が立ち上がり、この春から作業を始めて以来、そんな経験をたびたびしました。


そもそも捨てたはずの記憶でした。

でも、うれしかったことも、悲しかったことも、また巡り会うと愛おしくて、ひとつひとつすくい上げて、正直に文字にしました。

恥ずかしいような気もします。でも、せっかくだからと覚悟して、自分をさらけ出すつもりで、裸の心をお見せしたつもりです。

どこから見ても、これが私です。十朱です。

そして、またこれらも捨てて、忘れて、今日も歩き出します。

いろいろありましたけど、それでも
「ま、いっか」

と笑って生きていく。これからも、そうありたいと思います。

２０１８年９月
十朱幸代

愛し続ける私

２０１８年10月10日　第１刷発行
２０１８年12月10日　第２刷発行

著者　十朱幸代
発行人　海老原美登里
編集人　中安礼子
発行所　株式会社　集英社
〒１０１−８０５０
東京都千代田区一ツ橋2の5の10
編集部　０３−３２３０−６３９９
読者係　０３−３２３０−６０８０
販売部　０３−３２３０−６３９３（書店専用）
印刷・製本　凸版印刷株式会社

構成　岡本麻佑
デザイン　吉村亮（Yoshi-des.）
カバー・扉写真　マガジンハウス
写真協力　フジパシフィックミュージック
アクターズセブン

※尚、著作者不明、連絡先不明の写真があります。関係者の方のご連絡を御待ちします。

ISBN978-4-08-333155-8 C0095
定価はカバーに表示してあります。